隧道工程建设与路桥设计

熊建军　胡森东　陈永祥　著

黑龙江科学技术出版社

图书在版编目（CIP）数据

隧道工程建设与路桥设计 / 熊建军, 胡森东, 陈永祥著. -- 哈尔滨 : 黑龙江科学技术出版社, 2022.4（2025.10 重印）

ISBN 978-7-5719-1317-5

Ⅰ. ①隧… Ⅱ. ①熊… ②胡… ③陈… Ⅲ. ①隧道工程－工程施工②道路工程－设计③桥梁工程－设计 Ⅳ. ①U45②U41③U44

中国版本图书馆CIP数据核字(2022)第040284号

隧道工程建设与路桥设计

SUIDAO GONGCHENG JIANSHE YŪ LUQIAO SHEJI

作　　者　熊建军　胡森东　陈永祥
责任编辑　陈元长
封面设计　刘梦杳
出　　版　黑龙江科学技术出版社
地　　址　哈尔滨市南岗区公安街70-2号　邮编：150001
电　　话（0451）53642106　传真：（0451）53642143
网　　址　www.lkcbs.cn　www.lkpub.cn
发　　行　全国新华书店
印　　刷　三河市元兴印务有限公司
开　　本　787mm × 1092mm　1/16
印　　张　8.75
字　　数　129千字
版　　次　2022年4月第1版
印　　次　2025年10月第3次印刷
书　　号　ISBN 978-7-5719-1317-5
定　　价　38.00元

前 言

随着我国国民经济的快速发展，以及国家对能源和交通等基础设施建设的大力投入，高速铁路、高速公路、水利水电项目近年来得到了较大的发展。根据国家“十四五”规划及中长期铁路网规划，交通、水电建设仍将是带动国民经济发展的重要基础产业，越来越多的长大、深埋铁路公路隧道和水工隧洞将穿越20世纪五六十年代被前辈们视为隧道建设禁区的复杂地质地区，在施工过程中可能遇到的地质灾害将越来越复杂。道路与桥梁工程是以道路与桥梁为对象而进行的规划、勘测、设计、施工等技术活动的全过程，其从事的工程实体涵盖了技术、经济、材料、设备、运行维护与管理等方面的专业知识。道路与桥梁工程技术是一个既古老又不断变革、更新、发展的专业。

本书介绍了隧道结构基本构造与路桥施工测量，重点阐述了隧道工程勘测设计，适合现代隧道工程建设与路桥设计的发展现状和趋势。

全书分为四章，包括隧道结构的基本构造、隧道工程勘测设计、路桥施工测量、道路与桥梁工程的施工及管理技术。本书突出了基本概念与基本原理，在写作时笔者尝试对多方面知识进行融会贯通，注重知识层次的递进，同时注重理论与实践的结合。

本书围绕隧道工程建设与路桥设计写作，可供相关专业技术人员参考使用，也可作为广大一线从业者或相关设计研究人员的学习参考材料。

由于作者水平有限，不足之处在所难免，敬请各位读者提出宝贵意见，不胜感激。

目 录

第一章　隧道结构的基本构造

隧道由主体建筑物和附属建筑物构成。主体建筑物是为了保持隧道的稳定，保证隧道正常使用而修建的，由洞身支护结构及洞门组成。在铁路线上，洞口附近容易坍塌或有落石危险的路段需要加筑明洞，洞身段埋深较浅无法用暗挖修建时，也会采用明洞。附属建筑物指保证隧道正常使用所需的各种辅助设施。例如，铁路隧道中供维修人员避让列车而设的综合洞室，在火灾等紧急情况下使用的消防疏散通道，为加强洞内外空气流通而设的机械通风设施，以及必要的消防、报警装置等。

第一节　洞身主体结构

一、支护结构类型

对于开挖后的隧道，为了保持围岩的稳定性，一般都需要修建支护结构。

（一）根据围岩条件和使用目的分类

根据围岩条件和使用目的，支护结构可分为下列四种类型。

（1）饰面衬砌，应用于坑道充分稳定的情况，其作用是封闭岩面，防止围岩风化，如喷射混凝土防护。

（2）构造衬砌，应用于坑道稳定的情况，仅按结构的最小厚度设置支护。

（3）承载衬砌，应用于坑道暂时稳定的情况，是具有一定承载力的支护，也是目前隧道支护结构中应用最多的一种。根据荷载的性质、方向、大小、分布等特征，其类型和构造是多样的，其支护的参数多数是根据工程类比和计算确定的。

（4）特殊承载衬砌，应用于坑道不稳定的情况，如膨胀围岩、偏压、浅埋、高地应力等特殊情况，多采用“先支护、后开挖”的超前支护措施及强有力的初期支护，后期支护也要承受一定的荷载。

（二）根据支护结构的作用机制分类

就承载衬砌而言，根据支护结构的作用机制又可以分为以下三种。

（1）复合式衬砌。由初期支护和二次衬砌组成，中间设置防水层。初期支护一般由喷锚支护构成，二次衬砌一般由模筑混凝土衬砌构成。

（2）单层衬砌。单层衬砌有两种形式：一种是修建喷锚结构作为隧道永久性衬砌或整体灌注的混凝土衬砌；另一种是中间不设防水层的喷锚支护与喷射混凝土衬砌或模筑混凝土衬砌组合的结构形式。前者适用于围岩较好、暂时稳定的情况，后者从作用机制上属于复合式衬砌，只是中间无隔离层，两层之间具有较好的传递应力的能力，如同整体一样承受荷载，这类衬砌在欧洲应用较为广泛。

（3）装配式衬砌。由工厂预制，现场拼装成形的支护结构形式，可以用于单层衬砌，也可以用于复合式衬砌的内衬。

目前，高速铁路隧道、高速公路隧道的结构绝大部分为承载衬砌，因此下面主要对承载衬砌进行详细阐述。

二、复合式衬砌

复合式衬砌由初期支护、二次衬砌和中间铺设的防水层（隔离层）组成，也称为“双层衬砌”。

一般初期支护采用喷锚支护，二次衬砌常为模筑混凝土衬砌、喷射混凝土或钢纤维喷射混凝土衬砌、装配式衬砌等不同的形式。较常采用的是模筑混凝土衬砌。

复合式衬砌可以保证初期支护施作及时、刚度小、易变形、与围岩密贴，从而保护围岩和加固围岩，促进围岩的应力调整，充分发挥围岩的自承作用。二次衬砌完成后，衬砌内表面光滑平整，可以防止外层风化，装饰内壁，增强安全感。它既能够充分发挥喷锚支护的优点，又能发挥二次衬砌永久支护的可靠作用。因此，复合式衬砌是比较合理的结构形式，有广阔的发展空间。

对于复合式衬砌来说，初期支护的主要方式有锚杆、喷射混凝土、钢架、钢筋网或它们的组合支护等，厚度多为 5 ～ 20 cm。为此，在开挖坑道时要求采用光面爆破，使洞壁平整光滑，喷层足以覆盖凸点，同时内表面也要平整，便于以后铺设防水层。

二次衬砌则提供结构的安全储备或承受后期围岩压力。从理论上讲，围岩的形变压力已被外衬所吸收，内衬基本上不再需要承担荷载，做内衬仅仅是为了洞内的整齐。但实际上，外衬的变形并未完全停止，况且影响外衬作用的因素很多，因而仍会有围岩残留变形，以及施工后围岩物理力学参数的降低等荷载。所以，在设计内衬时仍应按受力结构来计算。

三、单层衬砌

在取消防水板的前提下，洞室开挖后立即喷射一层具有防水性能的混凝土，并根据围岩级别设置必要的支护构件，如锚杆、钢拱架等，然后根据耐久性及平整度的要求，再施作（喷射或模筑）一层或多层混凝土，构成层间具有很强黏结力并可充分传递剪力的支护体系，此为单层衬砌。为了达到使后施作的混凝土层同第一层喷射混凝土共同作用的目的，通过使之粘接成可产生共同作用的支承拱，在施作后续混凝土层之前，对暴露很久已被污染的喷射混凝土表面必须采取相应措施（高压水束或砂束）进行处理。这样一方面可减少水化热的产生，另一方面使收缩变形发生在各层之间，可避免支护结构的开裂。

单层衬砌与复合式衬砌的本质区别就是各支护层间不设置防水层，其承载机制是：各混凝土层间径向和纵向上的抗滑移性，使得各混凝土层形成共同承载体系。可以把单层衬砌结构看作“组合梁”来分析其力学特性。相反，在复合式衬砌中，防水板在初期支护和二次衬砌之间不传递剪力，类似“叠合梁”的力学行为。这样，在同等程度的荷载条件下，单层衬砌比复合式衬砌产生的内力要小，所以可适当减薄衬砌厚度，同时也减少了开挖量和衬砌圬工量，节约成本。取消了防水层，取而代之的是耐水性很好的防水混凝土喷层，施工操作方便，可保证防水质量，有利于缩短工期。

目前，单层衬砌主要采用的支护形式是喷锚支护。喷射混凝土和锚杆联合支护，不仅是安全可靠的支护形式，而且是在岩层中构筑地下工程最为优越的衬砌形式，这种方法在铁路隧道、公路隧道、冶金矿山等地下工程中被大量使用。喷锚支护一般作为施工支护或初期支护，若在单层衬砌中应用则作为永久衬砌，必须解决防水和耐久性等问题。

四、装配式衬砌

在隧道施工向工业化和机械化发展的过程中，出现了装配式的隧道衬砌。装配式的隧道衬砌是指将衬砌分成若干块构件，这些构件在工厂或现场预先制备，然后运入坑道内，用机械将它们拼装成一环接一环的衬砌。装配式衬砌在盾构法施工的城市地下铁道和水底隧道中应用较为广泛。

装配式衬砌的构造应满足下列条件：具有足够的强度且耐久性好；能立即承受荷载，如水土压力和施工荷载；装配简便、构件类型少、形式简单、尺寸统一，便于工业化制作和机械化拼装；构件尺寸的大小和重量符合拼装机械的能力；有防水的设施。因此，这种衬砌具备以下优点。

（1）一经装配成环，不需养护时间即可承受围岩压力。

（2）预制的构件可以在工厂成批生产，在洞内进行机械化拼装，从而改善了劳动条件。

（3）拼装时不需要临时支撑，如拱架、模板等，从而节省了大量的支撑材料和劳力。

（4）拼装速度因机械化而提高，缩短了工期，还有可能降低造价。

除此之外，在围岩岩石强度较高且岩体完整性很好时，在开挖后坑道无支护、围岩能自稳、岩石不易风化等情况下，隧道可不施作支护，这就是经常说的“毛洞”或“裸洞”。

第二节　明洞结构

明洞是用明挖法修建的隧道，它不同于前述的一般隧道。明洞不是指在地层内先挖出坑道，然后修建结构物，而是指在露天的路堑地面上或是在敞口的基坑内，先修筑结构物，然后回填覆盖土石。

明洞一般修筑在隧道的进出口处，当地质状况差且洞顶覆盖层薄、用暗挖法难以进洞时，或洞口路堑边坡上有落石影响行车安全时，或铁路、公路、河渠必须在铁路上方通过且不宜做立交桥或涵渠时，均需要修建明洞。明洞是在隧道洞口或线路上起防护作用的重要建筑物，在铁路和公路上使用得较多。

明洞的结构类型因地形、地质和危害程度的不同而有许多种形式，采用较多的是拱式明洞和棚式明洞两种。

一、拱式明洞

拱式明洞的结构形式与一般隧道基本相似，也是由拱圈、边墙和仰拱或铺底组成的，它的内轮廓和隧道一致。但是，由于它周围是回填的土石，得不到可靠的围岩抗力的支持，因而结构的截面尺寸要略大一些。

当因洞口的地形或地质条件而难以用暗挖的方法修建隧道时，如洞口附近埋深很浅，施工时不能保证上方覆盖层的稳定，或是深路堑、高边坡上有较多的崩塌落石，以致对行车有威胁时，常常需要修筑拱式明洞来防护。拱式明洞结构坚固，可以抵抗较大的推力，其适用的范围较广。

拱式明洞是在露天施工的，不受地下坑道条件的限制，因此可以采用钢筋混凝土做拱圈。外边墙体积大，可以使用混凝土或石料。

明洞顶上的回填土是为了缓冲落石对衬砌的冲击而设的，它的厚度应视落石下坠的实际情况而定，一般不应小于 1.5 m。在填土面上应留有比例不小于 1 : 1.5 的流水坡。填土的上面及拱顶上方都要做一层黏土隔水层，以防积水渗入。

由于拱式明洞的外墙尺寸较大，所以圬工量较多。如果基底地质较好，外墙可以做成连拱形，以减少圬工量。如果明洞外侧覆盖土不厚，还可以掏成侧洞，使露天的光线可以射进来，新鲜空气也可以流进来，以改善明洞内的环境。

有时，在隧道洞口有公路或水渠横越而又不宜修建立交桥时，为了保持公路的通行和不中断灌溉农田的水道，可以修建带有渡槽的拱式明洞。在有滑坡而路线又必须通过时，也可以配合挡墙、抗滑桩等，修建抗滑明洞，作为综合治理滑坡的措施之一。

拱式明洞应设置横向贯穿的伸缩缝，其间距为 6 ～ 20 cm，视情况而定。如果有侧洞，伸缩缝应避开侧洞位置。其可以分为路堑式明洞和半路堑式明洞。

（一）路堑式明洞

路堑式明洞位于两侧都有高边坡的路堑中。在挖出路堑的基面上先修建与隧道衬砌相似的结构，但是截面尺寸要稍大一些；然后回填上面覆盖的土石；两侧墙外填以浆砌片石，使其密实；上面填以土石，夯紧并覆盖防水黏土层，黏土层上留有排水的沟槽，以防止地面水的渗入。路堑式明洞又可分为对称式和偏压式两种。

1. 对称式

这种明洞适用于路堑边坡对称或接近对称，边坡岩层基本稳定，仅防边坡有少量的坍塌和落石，或洞口破碎，覆盖层较薄且难以用暗挖法修建的隧道。

2. 偏压式

这种明洞适用于两侧边坡高差较大的不对称路堑。它可承受不对称荷载，拱圈为等截面，而边墙的外侧厚度视所处位置的地质和地形情况而定，可以和内侧边墙厚度相同，也可以大于内侧边墙厚度。

（二）半路堑式明洞

在傍山隧道的洞口或傍山线路上，当一侧边坡陡峭且有坍塌和落石的可能，对行车安全有威胁时，或隧道必须通过不良地质地段而亟须提前进洞时，都宜修建半路堑式明洞。它受单侧的压力，虽然结构内轮廓与隧道一致，仍是左右对称的，但结构截面却是左右不同的，外墙需要相对加大，而且必须把基础放在稳固的基岩上。有时，拱圈也可能采用变截面，以抵抗单侧的压力。半路堑式明洞又可分为偏压斜墙式和单压耳墙式两种。

1. 偏压斜墙式

这种明洞适用于地形倾斜，低侧路堑较宽敞的地面，以增加明洞抵抗侧向压力的能力。这种明洞承受偏压荷载，拱圈和内侧边墙等厚，外侧边墙为不等厚的斜墙式。

2. 单压耳墙式

有时，外侧地形低，不能保持回填土的天然稳定坡度，或是按天然稳定坡度则边坡将延伸很远时，可以在结构的外墙顶上接高一段挡墙，用以拦截土石，这种明洞形式被称为单压耳墙式。

二、棚式明洞

当山体的塌方、落石数量较少，山体侧向压力不大，或受地质、地形限制，难以修建拱式明洞时，可采用棚式明洞（简称“棚洞”）。棚式明洞常见的结构形式有盖板式明洞、钢架式明洞和悬臂式明洞三种。

（一）盖板式明洞

盖板式明洞是由内墙、外墙及钢筋混凝土盖板组成的简支结构，其上回填土石，以保护盖板不受山体落石的冲击。这种明洞的内侧应置于基岩或稳定的地基上，一般为重力式墩台结构，厚度较大，以抵抗山体的侧向压力。当基岩层完整，坡面较陡，地下水的水量不大，采用重力式内墙开挖量较大时，可采用钢筋混凝土锚杆式内墙。外墙只承受由盖板传来的垂直压力，厚度较薄，要求的地基承载力较小。外墙也可做成梁式（中间留有侧洞）以适应地形和节省圬工。

（二）钢架式明洞

当地形狭窄、山坡较陡、基岩埋置较深而上部地基稳定性差时，为了使基础置于基岩上并减小基础工程，可采用钢架式外墙，这种明洞被称为钢架式明洞（有时也可采用长腿式明洞），并做防水层及回填土石处理。

（三）悬臂式明洞

对于稳定而陡峻的山坡，在外侧地形难以满足一般棚洞的地基要求，且落石不太严重的情况下，可修建悬臂式明洞。它的内墙为重力式，上端接悬臂式横梁，其上铺以盖板，在盖板的内端设平衡重来维持结构在外荷载作用下的稳定性。同时，为了保证明洞的稳定性，要求悬臂必须伸入稳定的基岩内。

悬臂式明洞虽然是在敞口的地面上修建的，但是因为它的圬工量较大，上覆回填土也较费工，所以它的造价比暗挖的隧道要高些。过去很多隧道由于力求缩短洞身，在施工以后发现洞口保证不了安全，于是只得接长明洞，原先试图节省成本，结果反而增添了费用，还给洞口施工带来干扰。因此，在决定洞口位置时，应体现“早进晚出”的精神，不宜以事后增修明洞为补救的办法，必须有计划、有比较地全面考虑，慎重选择。

第三节　洞门及洞口缓冲结构

一、洞门的作用

洞门的作用主要有以下四个方面。

（1）减少洞口土石方开挖量。洞口段范围内的路堑是根据地质条件，以一定坡率开挖的。当隧道埋置较深时，开挖量较大，隧道洞门可以起到挡土墙的作用，减少土石方的开挖量。

（2）稳定边坡、仰坡。修建洞门可减少引线路堑的边坡高度，缩小正面仰坡的坡面长度，使边坡和仰坡稳定。

（3）引离地表水流。地表水流往往汇集在洞口，如不排除，将会侵害线路、影响安全。修建洞门可以把水流引入侧沟排走，确保运营安全。

（4）装饰洞口。洞口是隧道的唯一外露部分，是隧道的正面外观，洞门可起装饰作用。特别是城市、风景区及旅游区内的隧道，更应配合当地的人文景观环境给予艺术处理，进行美化。

二、洞门形式

（一）传统洞门形式

传统的铁路隧道洞门形式主要有环框式、端墙式、翼墙式、柱式、台阶式等。

1. 环框式洞门

当洞口石质坚硬稳定，且地形陡峻、无排水要求时，可仅修建环框式洞门，以起到加固洞口和减少洞口雨后滴水的作用。

2. 端墙式洞门

端墙式洞门适用于地形开阔、石质较稳定的地区，由端墙和洞门顶排水沟组成。端墙的作用是抵抗山体纵向推力及支持洞口正面的仰坡，保持其稳定。洞门顶的排水沟用来将仰坡流下来的地表水汇集并排走。

3. 翼墙式洞门

当洞口地质较差、山体纵向推力较大时，可以在端墙式洞门的单侧或双侧设置翼墙。翼墙在正面起到抵抗山体纵向推力、增加洞门的抗滑能力及抗倾覆能力的作用，两侧面保护路堑边坡起到挡土墙的作用。翼墙顶面与仰坡的延长面相一致，其上设置水沟，将洞门顶水沟汇集的地表水引至路堑侧沟内排走。

4. 柱式洞门

当地形较陡，仰拱有下滑的可能性，以及受地形或地质条件限制，不能设置翼墙时，可在端墙中部设置两个（或四个）断面较大的柱墩，以增加端墙的稳定性。柱式洞门比较美观，适用于城市附近、风景区或长大隧道的洞口。

5. 台阶式洞门

当洞门位于傍山侧坡地区，洞门一侧边仰坡较高时，为了提高靠山侧仰坡起坡点、减少仰拱高度，将端墙顶部改为逐级升高的台阶形式，以适应地形的特点，能够减少洞门圬工量及仰坡的开挖量，也能起到一定的美化作用。

（二）新型洞门形式

相对于传统的铁路隧道洞门，高速铁路隧道洞口结构的设计本着简洁大方、美观实用、保护环境的原则，以不刷坡或少刷坡的突出山体的切削式洞口为主要建筑形式。除个别需要的工点（靠近城市、旅游景区等）外，不做更多的建筑修饰，体现自然美的环境意识。根据切削方式的不同及一些功能上的要求，铁路隧道新型洞门的基本形式包括直切式、正切式、倒切式及弧形挡墙加切削式等。

1. 直切式洞门

直切式洞门适用于洞口山体坡度较陡、距离城市较近或有风景要求的隧道。

2. 正切式洞门

正切式洞门适用于洞口山体坡度较缓、距离城市较近、有风景要求或桥隧相连地段的隧道。根据是否有帽檐又可分为普通正切式洞门和加帽檐正切式洞门。

3. 倒切式洞门

倒切式洞门适用于洞口岩层稳定、整体性好，洞口山体坡度很陡，或峭壁岩体处的隧道。

4. 弧形挡墙加切削式洞门

如果洞口山体坡度很缓，且洞口外有路堑边坡，可以考虑采用弧形挡墙加切削式洞门，使弧形挡墙与路堑边坡有机连接。

三、洞口缓冲结构

对于高速铁路隧道来说，当高速列车进入隧道后，由于空气动力学效应，在洞口产生的微气压波在有些条件下会产生极大的爆炸声，严重的可使建筑物的玻璃破碎，对环境造成污染。采用较大的隧道断面（单线 70 m^2，双线 100 m^2）基本上可消除这种爆炸声。但是，当车速达到或超过 300 km/h 时，洞口噪声会比明线明显增强，对洞口附近的居民或建筑物会产生更大的影响。

现有的研究成果表明：缓冲结构，尤其是开孔型缓冲结构，大大削减了微气压波的高频部分（尤其是频率高于 20 Hz 的人耳可听到的那一部分）的能量，从而消除了隧道出口的声爆问题，同时使得隧道附近房屋的轻型结构，如窗户、百叶窗等产生突然移动的低频部分也得到了有效消减。因此，通过在隧道入口增设适当的缓冲结构，能够有效地消除隧道出口的微气压波现象。

（一）设计规定

我国现行的《高速铁路设计规范》（TB 10621—2014）对隧道洞口缓冲结构设计做出如下规定。

（1）缓冲结构形式应从实用、美观的角度出发，结合洞口附近的地形环境条件确定，宜采用与隧道衬砌内轮廓形状相似的开孔式结构，也可采用其他结构形式。

（2）当缓冲结构横断面不变时，侧面或顶面应开减压孔，减压孔面积可根据实际情况确定，宜为隧道净空有效面积的 1/5 ～ 1/3。

（3）缓冲结构宜采用钢筋混凝土结构。

（4）预留设置缓冲结构条件的洞口。当有路基挡土墙时，其位置应在缓冲结构之外。

（二）设置原则及结构形式

一般情况下，列车速度越高，隧道阻塞比就越大，所需要的缓冲结构就越长，在缓冲结构周壁上开孔的设置也越复杂。为了建造方便，通常采用断面积不变、侧面或顶部开孔的开孔型缓冲结构作为缓冲结构的标准型。

第四节　高速铁路隧道底部结构

高速铁路隧道底部结构的两种基本形式为有砟轨道和无砟轨道。

有砟轨道是用散体材料碎石组成道床的传统轨道形式，也叫普通轨道。有砟轨道弹性条件好，在一定的维修条件下具有较好的轮轨接触效应，减振、降噪效果较好，维修较方便，造价相对较低。但有砟轨道的线路状态保持能力较差，在列车动荷载作用下，轨道的平顺性容易受到破坏，轨道碎粉化严重，养护维修工作量较大。高速行车时车轮横向压力较大而道床横向阻力较小，对无缝线路的稳定性较为不利。

与有砟轨道相比，无砟轨道具有稳定性好、平顺性高、轨道状态可长期保持、维修工作量可显著减少等突出优点，已成为世界高速铁路轨道结构的发展方向。日本自东海道新干线以后的新干线均以无砟轨道为主；德国在经历多年有砟轨道的高速运营后，在时速 250 km 以上的新建高速线全面推广应用无砟轨道结构，得到了更多的肯定。

我国高速铁路覆盖主要大中城市，沿线经济发达、人口稠密。高速铁路列车运行速度为 350 km/h；其旅客列车开行对数近期在 120 对、远期在 160 对以上；高速铁路网东—西、南—北绵延数千公里，高速度、高密度、长距离行车是我国高速铁路的主要运营特点。为保证行车安全，提高舒适性，适应高速度、高密度、长距离行车的运营要求，高速铁路必须具有良好的平顺性、稳定性和耐久性，尤其是为了便于旅客列车开行方案的设置及其运行，线路综合维修天窗设置的时间越短越好。我国高速铁路采用无砟轨道结构，为列车的高速度、高密度、长距离行车提供了重要保证。根据无砟轨道结构特点及其对线下基础的设计要求，并根据我国的国情和路情，在确保高速铁路隧道基础稳定的条件下，宜采用无砟轨道结构。

结合我国高速铁路的工程特点和环境条件，目前应用的无砟轨道结构类型主要有以下四种：CRTS Ⅰ型板式无砟轨道结构、CRTS Ⅱ型板式无砟轨道结构、CRTS Ⅰ型双块式无砟轨道结构、CRTS Ⅱ型双块式无砟轨道结构。

一、CRTS Ⅰ型板式无砟轨道结构

CRTS Ⅰ型板式无砟轨道结构是预制轨道板通过水泥乳化沥青砂浆调整层铺设在现浇的具有凸形挡台的钢筋混凝土底座上，并适应ZPW-2000轨道电路的单元轨道板无砟轨道结构形式。其特点是单元板、板与板之间不纵连，不设横向挡块。

（一）结构及形式尺寸

（1）轨道结构由钢轨、弹性扣件、轨道板、水泥乳化沥青砂浆充填层、底座、凸形挡台及其周围的填充树脂等组成。

（2）轨道板结构类型可分为预应力混凝土平板、预应力混凝土框架板和钢筋混凝土框架板三种。标准轨道板长度宜为4 962 mm，宽度宜为2 400 mm，厚度不宜小于190 mm；轨道板两端设半圆形缺口，半径宜为300 mm。

（3）底座采用钢筋混凝土结构，混凝土强度等级为C40，在隧道仰拱回填层构筑，厚度不得小于100 mm。凸形挡台设置于底座两端的中部，在底座端部为半圆形，在底座中部均为圆形，其半径为300 mm，高度为250 mm。凸形挡台可以限制轨道板的纵、横向移动，直接承受由钢轨传递到轨下基础的纵向力和横向力。

（4）水泥乳化沥青砂浆充填层厚度为50 mm；若为减振型板式轨道，填充层厚度为40 mm。

（5）凸形挡台周围树脂的灌注：填充树脂采用袋装灌注法施工，施工适宜温度为5～30℃，灌注前检查凸形挡台与轨道板的缝隙，应不小于30 mm（标准设计为40 mm），填充树脂低于轨道板顶面5～10 mm。

（二）隧道地段CRTS Ⅰ型板式无砟轨道结构要求

隧道地段CRTS Ⅰ型板式无砟轨道结构，应符合下列要求。

（1）在仰拱隧道内，底座在仰拱回填层上构筑。沿线路纵向，底座每隔一定长度对应凸形挡台中心位置，应设置横向伸缩缝。底座在隧道沉降缝

位置应设置伸缩缝。在底座宽度范围内，仰拱回填层表面应进行拉毛处理。

（2）在无仰拱隧道内，底座与隧道底板应合并设置、连续铺设。当位于曲线地段时，超高一般在隧道底板上设置。

（3）距隧道洞口 100 m 范围内，仰拱回填层应设置钢筋与底座连接。

（三）CRTS Ⅰ型板式无砟轨道结构的优缺点

1. 优点

（1）桥上、隧道和路基上的轨道结构形式基本相同，利于轨道结构与线下工程的标准化设计。

（2）现场混凝土施工量少。水泥乳化沥青砂浆袋装灌注，施工工效高、进度快。

（3）轨道板为工厂预制，质量易于保证；可采用框架结构，经济性好；制造厂设置灵活，建厂投资相对较小。

（4）可修复性较好。水泥乳化沥青砂浆可实现上下部结构分离。

2. 缺点

（1）钢轨铺设后，轨道精细调整工作量较大。

（2）水泥乳化沥青砂浆、凸形挡台填充树脂、充填式垫板材料的生产、施工专业性强。

二、CRTS Ⅱ型板式无砟轨道结构

CRTS Ⅱ型板式无砟轨道结构是预制轨道板通过水泥乳化沥青砂浆调整层铺设在现场摊铺的混凝土支承层或现场浇注的钢筋混凝土底座上，并适应 ZPW-2000 轨道电路的无砟轨道结构形式。其特点是板与板之间要纵连，设有横向挡块，为引进的德国博格板技术。

（一）结构及形式尺寸

（1）轨道结构为钢轨、弹性扣件、轨道板、水泥乳化沥青砂浆充填层、支承层等。

（2）轨道板采用预应力混凝土结构，混凝土强度等级为 C55；标准轨

道板长度为 6 450 mm，宽度为 2 550 mm，厚度为 200 mm；水泥乳化沥青砂浆充填层厚度为 30 mm。

（二）隧道地段 CRTS Ⅱ型板式无砟轨道结构要求

隧道地段 CRTS Ⅱ型板式无砟轨道应符合下列要求。

（1）当支承层采用混凝土结构时，曲线超高可在支承层设置；当支承层采用水硬性混合料时，曲线超高应在仰拱回填层（有仰拱隧道）或底板（无仰拱隧道）上设置。

（2）支承层顶面宽度为 2 950 mm，底面宽度为 3 250 mm，厚度为 300 mm；沿线路纵向，每隔不大于 5 m 切一横向预裂缝，缝深宜为厚度的 1/3；轨道板宽度范围内的支承层表面应进行拉毛处理。

三、CRTS Ⅰ型双块式无砟轨道结构

CRTS Ⅰ型双块式无砟轨道结构是将预制的双块式轨枕组装成轨排，以现场浇注混凝土的方式将轨枕浇入均匀连续的钢筋混凝土道床内，并适应 ZPW-2000 轨道电路的无砟轨道结构形式。其特点是埋入式结构形式，为引进的德国雷达无砟轨道技术。

CRTS Ⅰ型双块式无砟轨道结构由钢轨、弹性扣件、双块式轨枕、道床板、支承层组成。

隧道地段 CRTS Ⅰ型双块式无砟轨道结构，应符合下列要求。

（1）道床板为纵向连续的钢筋混凝土结构，直接在隧道仰拱回填层（有仰拱隧道）或底板（无仰拱隧道）上构筑。道床板宽度宜为 2 800 mm，厚度为 260 mm。在其宽度范围内，仰拱回填层或底板表面应进行拉毛处理。

（2）曲线超高在道床板上设置。

（3）距隧道洞口 200 m 范围内，隧道道床板结构与路基地段相同。

四、CRTS Ⅱ型双块式无砟轨道结构

CRTS Ⅱ型双块式无砟轨道结构是以现场浇注混凝土方式将预制的双块

式轨枕通过机械振动嵌入均匀连续的钢筋混凝土道床内，并适应 ZPW-2000 轨道电路的无砟轨道形式。其特点是振动压入式，为引进的德国旭普林轨道技术。

CRTS Ⅱ型双块式无砟轨道系统在路基、桥梁和隧道内的结构设计与 CRTS Ⅰ型双块式无砟轨道结构无本质区别。其系统研发的出发点是改变传统的施工方法，提高现浇混凝土结构的施工效率。其与 CRTS Ⅰ型双块式无砟轨道的主要不同点如下。

（1）为适应其施工方法，双块式轨枕的外形和配筋不同。

（2）为适应其振动压入式的施工方法，道床混凝土的水灰比较大。

（3）采用专用的成套施工设备，用固定架替代钢轨支撑架，将轨排振动压入预先浇筑的混凝土中，施工机械化程度高。

（4）施工不需组装轨排，受环境影响小。

五、无砟轨道与有砟轨道过渡段

由于无砟轨道与有砟轨道的刚度和变形差异，必须设置过渡段。过渡段是高速铁路的一个薄弱环节，直接影响列车运行的舒适性和线路的养护维修工作。

无砟轨道与有砟轨道结构过渡段设计的一般要求有以下几点。

（1）过渡段范围的线下基础刚度均匀。

（2）过渡段范围不应设置联合接头和绝缘接头。

（3）设置 20 m 辅助轨（有砟轨道 15 m，无砟轨道 5 m），与基本轨间距不影响大机养修作业。

（4）无砟轨道下部基础（如支承层、底座）向有砟轨道延伸至少 10 m。

（5）过渡段有砟轨道范围扣件胶垫刚度至少分三级过渡。

（6）过渡段约 45 m 有砟轨道范围，采用道砟胶分段（各 15 m）黏结方式，稳定道床。

第五节　隧道内附属构筑物

隧道主体结构完成后，还不能保证车辆的安全通行。为了隧道的正常使用，还必须修建一些附属建筑物，包括安全避让设施、电力通信信号的安放设施、防排水设施等。由于行驶的车辆不同，铁路隧道与公路隧道的附属建筑物有一定的区别。

一、铁路隧道附属建筑

（一）避车洞

为了保证列车通过隧道时洞内行人、维修人员及维修设备的安全，在隧道两侧边墙上交错均匀地修建的用于躲避列车的洞室，称为避车洞。根据避车洞室的大小，可分为大避车洞和小避车洞两种。

1. 避车洞的布置

（1）大避车洞。在碎石道床的隧道内，每侧相隔 300 m 布置一个大避车洞。在整体道床的隧道内，因人员躲避行车较方便，且线路维修工作量较小，故每侧相隔 420 m 布置一个大避车洞。

当隧道长度在 300 ～ 400 m 时，可在隧道中间布置一个大避车洞；当隧道长度在 300 m 以下时，可不布置大避车洞；如果两端洞口接桥或路堑，当桥上无避车台或路堑两边侧沟外无平台时，应与隧道一并考虑布置大避车洞。

（2）小避车洞。无论是碎石道床还是整体道床，在单线隧道内，每侧边墙应间隔 60 m（双线隧道每侧边墙间隔 30 m）布置一个小避车洞。布置时应结合大避车洞一起考虑，有大避车洞的地点就不再设置小避车洞。同时，还应注意不得将避车洞设于衬砌断面变化处、不同衬砌类型衔接处或变形缝处。如隧道邻近有农村市镇，当隧道通行的人较多，或曲线半径小、视距较短时，小避车洞还可适当加密。

（3）避车洞底部标高。当避车洞位于直线上且隧道内有人行道时，为便于维修小车和行人躲入，避车洞底面应与人行道顶面齐平；无人行道时，避车洞的底面应与道砟顶面（或侧沟盖板顶面）齐平；采用整体道床时，应与道床面齐平。

为了使避车洞的位置明显，应将洞内全部及洞周边 30 cm 宽内粉刷成白色，并在洞的两侧各 10 m 处的边墙上标示醒目的白色箭头指向避车洞。

2. 避车洞的净空大小及衬砌类型

大避车洞的净空尺寸为 4.0 m（宽）× 2.5 m（深）× 2.8 m（中心高）。小避车洞的净空尺寸为 2.0 m（宽）× 1.0 m（深）× 2.2 m（中心高）。避车洞的衬砌类型应与隧道衬砌类型相适应。

（二）电力及通信设施

1. 电缆槽

穿越隧道的各种电缆，如照明、通信、信号及电力等，必须有一定的保护措施，即设置电缆槽来防止其潮湿、腐烂，以及人为的破坏。

电缆槽用混凝土浇筑，可紧靠水沟并行设置，且位于轨道一侧，或设置在水沟的异侧（当为单侧水沟时）。槽内铺细沙为垫层，低压电缆可直接放在垫层面上，高压电缆则吊在槽边预埋的托架上。槽顶设有盖板防护，盖板顶面应与避车洞底面或道床顶面齐平。当电缆槽与水沟同侧并行时，应与水沟盖板齐平。通信、信号电缆可设在一个电缆槽内，也可以分设，但必须和电力电缆分槽设置。电缆槽在转折处应以半径不小于 1.2 m 的曲线连接，以免电缆弯曲而折断。

当隧道长度大于 500 m 时，需在设有电缆槽的同侧大避车洞内设置余长电缆槽。设置方式为：隧道长度在 500 ～ 1 000 m 时，在隧道中间设置一处；1 000 m 以上的隧道则每隔 500 m 设置一处。

2. 信号继电器箱洞和无人增音站洞

隧道内如需设置信号继电器，则应在电缆槽同侧设置信号继电器箱洞，其宽度和深度均为 2 m，中心宽度为 2.2 m。

根据电信传输衰耗和通信要求，在隧道内设置无人增音站洞时，其位置可根据通信要求确定，也可与大避车洞结合使用。如果不能结合则另行修建，其尺寸同大避车洞。

电力牵引的长隧道如果需设置存放维修接触网的绝缘梯车洞，宜利用施工辅助坑道或避车洞修建，其间距约为 500 m。

二、公路隧道附属建筑

公路隧道的附属设施较多，有通风设施、照明设施、安全设施、应急设施、电力及通信设施、防排水设施等，下面分别予以介绍。

（一）紧急停车带

隧道中行驶的车辆在发生故障时应及时离开干道进行避让，以免发生交通事故，紧急停车带就是专供紧急停车使用的停车位置。尤其在长大隧道中，故障车必须尽快离开干道，否则必然引起交通阻塞，甚至导致交通事故。因此，高速公路、一级公路的特长隧道和长隧道应根据需要设置紧急停车带。为使车辆能在发生火灾时避难和退避，对于 10 km 以上的特长隧道还宜考虑设置方向转换场地（或称回车道设施）。

紧急停车带的间隔主要根据故障车的可能滑行距离和人力可能推动的距离而定，一般很难断言其距离的大小。如小轿车较卡车滑行的距离长，人力推动也较省力；下坡较上坡滑行的距离长，推动也省力。依据经验，隧道内紧急停车带的间距一般为 500 ～ 800 m。

我国目前参照国际道路会议常设协会的隧道委员会推荐值来确定紧急停车带的有关参数，即超过 2 km 的隧道必须考虑设置宽为 2.5 m、长为 25 ～ 40 m 的紧急停车带，间隔为 750 m。

（二）行人、行车横洞和预留洞室

设计规范规定，行车方向分离的双洞公路隧道长度超过 400 m 时，宜设置行人横洞，长度超过 800 m 时，宜设置行车横洞，以供巡查、维修、救援及车辆转换方向使用。其设置的间距和尺寸见表 1-1 所示。若隧道长度为 400 ～ 600 m，可在隧道中间设一个行人横洞，若长度小于 400 m，可不设行人横洞；当隧道长度为800～1 000 m时，可在隧道中间设一行车横洞，长度小于800 m时，可不设行车横洞。

横洞的衬砌类型一般应和隧道相应部位的衬砌类型相同，行人横洞的底面应与人行道或边沟盖板顶面平齐。行车横洞两端应与路缘顺坡，并设半径不小于5 m的转弯喇叭口。另外，500 m以上的高速公路、一级公路隧道宜单独设置存放专用消防器材等的洞室，并设置明显标志。

表1-1　横洞间距尺寸　　单位：m

名称	间距	尺寸	
		宽	高
行人横洞	200～300	2.0	2.2
行车横洞	400～500	4.0	4.5

（三）电缆槽与其他设施预留槽

公路隧道的电缆槽与铁路隧道的电缆槽在构造上基本相同，但由于公路隧道的照明与通风比铁路隧道要求高，因此电缆槽所需空间通常要比铁路隧道大，并且动力电缆（又称“强电”）和通信电缆（又称“弱电”）应分别放置在隧道两侧。

此外，公路隧道还需留有设置消防水管的位置；城市地区的交通隧道，还需留有通过其他市政管道（如自来水管、排污管等）的位置。这类管道通常与通信电缆一起放置在隧道一侧，因此称之为其他设施预留槽更确切。

三、隧道的防水与排水设施

保持隧道干燥是使其正常运营的重要条件之一，但隧道内经常有一些地下水渗漏进来，且维修工作也会带来一些废水。隧道漏水将使隧道和各种附属设施霉烂、锈蚀、变质、失效；公路隧道内路面积水将改变路面反光条件，引起眩光，使车辆打滑，影响正常行驶；在严寒地区，冬季渗入洞内的水结成冰凌，倒挂在衬砌拱顶上，侵入净空限界，危及行车安全。因此，隧道的防排水设计是隧道设计、施工和运营中的一个重要问题。

为确保公路隧道的行车安全和洞内设备的正常运转，等级较高的公路隧道各部位均不得渗水，三级及以下公路隧道要求相对低一些。

高速公路、一级公路、二级公路隧道防排水设计应满足下列要求：拱部、边墙、路面、设备箱洞不渗水；有冻害地段的隧道衬砌背后不积水，排水沟不冻结；车行横道、人行横道等服务通道不滴水，边墙不淌水。

三级、四级公路则应做到：拱部边墙不滴水；路面不积水；设备箱洞不渗水；有冻害地段的隧道衬砌背后不积水，排水沟不冻结。

“不渗水”是指隧道衬砌、路面、设备箱洞等结构表面无湿润痕迹。

“不滴水”是指水滴不会间断地脱离拱部、边墙向下滴落，有时连续出水，也称作“滴水成线”。

“不积水”是指路面结构底部和衬砌背后不产生积水。在冻害地区，积水会造成衬砌背后和路面底部冻胀，影响隧道结构和行车安全。

“不冻结”是指排水沟不出现结冰冻胀。在冻害地区，排水沟冻结将会影响隧道内排水系统的通畅，甚至造成整个隧道的冻胀病害。

（一）隧道防排水措施

水对隧道的危害是多方面的：漏水的长期作用可能造成隧道侵蚀破坏，影响隧道结构的耐久性；寒冷地区，尤其是严寒地区，隧道衬砌渗水反复冻融循环，在衬砌内部造成衬砌混凝土冻胀开裂破坏；隧道漏水会使隧道拱部和侧墙产生冰凌侵入净空；隧道滴水会使路面结冰，降低轮胎与路面的附着力，恶化隧道的营运条件，危及行车安全；隧道渗漏水还将极大地降低隧道内各种设施的使用功能和寿命。而地表水与地下水经常存在联系，因此隧道防排水设计应对地表水、地下水进行妥善处理，结合隧道支护衬砌采取可靠的防水、排水措施，使洞内外形成一个完整通畅的防排水系统。

隧道主要防水设施为防水层（含无纺布）、防水衬砌、止水带等，主要排水设施为中心水管（沟）、纵向盲管、竖向盲管、环向盲管、路侧边沟等，主要堵水措施有围岩体内压注水泥浆或其他化学浆液、设止水墙等。

隧道的水害是由洞内、洞外的多种因素引起的，所以不可能靠单一的办法进行很好的解决。根据多年来隧道治水的经验，防排水应遵循“防、排、截、堵相结合，因地制宜，综合治理”的原则。

（1）“防”，即要求隧道衬砌、防水层具有防水能力，防止地下水透过防水层、衬砌结构渗入洞内。

（2）“排”，即隧道应有畅通的排水设施，将衬砌背后、路面结构层下的积水排入洞内中心水沟或路侧边沟。排出衬砌背后的积水能减少或消除衬砌背后的水压力，排得越好，衬砌渗漏水的概率就越小，防水也就更容易。排出路面结构层下的积水能防止路面冒水、翻浆、结构破坏。

（3）“截”，即对易于渗漏到隧道的地表水，应采取设置截（排）水沟、清除积水、填筑积水坑洼地、封闭渗漏点等措施。对于地下水，应采取设置导坑、泄水洞、井点降水等措施。

（4）“堵”，即针对隧道围岩有渗漏水地段，采用注浆、喷涂、堵水墙等方法，将地下水堵在围岩体内，防止地下水从衬砌背后渗入隧道内。其办法是在衬砌外围、衬砌中间或在其内表面设置防水层，或者进行压浆。

防水层种类很多，大致可分为两类：一类为粘贴式防水层，如用沥青将油毡或麻布粘贴在衬砌的表面（适用于明挖修建的地下工程），复合式衬砌在初期支护与二次模筑之间可粘贴软聚氯乙烯薄膜或聚异丁烯片、聚乙烯等防水卷材；另一类为喷涂式防水层，如涂膜防水胶、阳离子乳化沥青等防水剂。

压浆是指向衬砌背后压注水泥浆液，用以充填衬砌与围岩之间的空隙，以堵住地下水的通路，并使衬砌与围岩形成整体，改善受力条件。采用压浆分段堵水，使地下水集中在一处或几处后再引入隧道内并排出，可收到良好的效果。

大量排水后将有可能引起地下水流失，造成当地农田灌溉和生活用水的减少，并造成围岩颗粒流失，形成地下空洞，甚至地表塌陷，降低围岩稳定性，改变该地区的自然环境。

围岩地下水的来源大部分为地表水补给，所以防止或减少地表水下渗、下漏是减少围岩渗漏水或涌水的一种措施。对洞顶存在的积水洼地，宜设洞顶排水沟疏导引流，洼地可采取填平、封堵洼底缝隙的措施。经过洞顶的天然沟槽或输水渠道、水工隧道等排水设施对隧道产生影响时，宜将沟床铺砌。发生积水下渗的废弃坑穴、钻孔等应填实封闭。

隧道穿越地区的地形、地质情况是影响地表水排泄方式的重要因素。当地表水需要处理时，应结合隧道具体情况，既要有利于隧道上部的疏水、截水、引水，将地面水引排于隧道外，减少对隧道的影响，也应考虑当地农田灌溉、水利设施及人们生活上的需要。隧道开挖后地表水输干、地下水流失，影响农田灌溉和生活用水的例子很多，赔款及补救措施费用巨大。目前处理这类问题的教训多于经验，效果不甚理想，具体措施应因地制宜，行之有效。

围岩注浆是指将不透水的凝胶物质（防水材料）通过钻孔注入并使其扩散到岩层裂隙中，堵住地下水出水通道，将地下水堵在岩体内，减少或阻止地下水涌入隧道。地下水产生的静水压力由围岩体承担，从而为开挖、衬砌施工创造较好的条件，减少或消除地下水对衬砌结构产生的静水压力。国内外隧道施工采用围岩注浆防水取得成功的实例有不少。

近年来，围岩注浆技术的发展较快，注浆材料已从水泥浆液发展到化学浆液，注浆工艺从单液注浆系统发展到双液注浆系统，注浆的应用范围从地面竖井注浆和地面帷幕注浆发展到隧道工作面注浆及衬砌外围岩注浆，注浆的地质条件已从含水裂隙岩层发展到含水砂岩层等较复杂的地层。

隧道防排水工作应结合当地水文地质条件、施工技术水平、材料来源和成本等，因地制宜，选择适宜的方法，以达到保证使用期内结构和设备的“正常使用和行车安全”的目的。

（二）隧道的密封防水系统

密封防水又称“阻水”，即阻止地下水进入隧道内，以防止隧道结构被地下水侵蚀而致的强度降低、寿命缩短，同时保证洞内的货物、仪器不被水侵蚀。人们已逐步认识到，隧道的密封对提高隧道的经济效益具有重大意义。

在隧道建造中，一般均需采取密封措施，只是密封程度不一，主要视隧道的用处而定。例如：对于通行有轨车辆的隧道，密封的目的是保护隧道结构物本身；对于通行行人、放置货物和仪器的隧道，密封要求则较高；对于排废水、饮用水的过水隧道则需绝对密封。

密封措施通过建造不透水层来实现。根据不透水层所处的位置，其又可分为外层密封、中层密封和内层密封三种形式。这里所指的密封系统为隧道结构的组成部分，是永久性的结构。在施工作业过程中，有时需要建造防排水措施。如果施工过程中的密封措施为永久性的，如注浆加固，则需在设计密封系统时考虑这种永久性措施的效应，以及它与设计的密封系统之间的相互关系。

1. 外层密封

外层密封，即密封层在承重结构外面，双层结构的密封层则在外壳外面。外层密封为传统的隧道建造主要采用的密封手段，密封系统主要由保护层、抹平层和密封层构成。保护层由砌石块构成，抹平层为砂浆，密封层为不透水的金属板，如铝板、铅板。由于金属板易被腐蚀，且在密封层上易出现局部应力集中，密封层常易被破坏，因此这种传统外层密封方式已不被采用。

在现代隧道建造中，外层密封常见于采用明挖法建造的隧道中，因为明挖法隧道的覆盖层较小，即密封层上作用的土压力较小，但外水压力有可能很大，需要密封层阻水能力大。为提高密封层承载能力，常使用涂沥青的金属板作为密封层。在金属板上涂沥青可防止腐蚀，改善防水层的受力，提高密封层的寿命。

目前，在采用暗挖法的双层衬砌中很少采用外层密封，只有在某些特殊情况下，如岩石中含有化学腐蚀成分、寒冷地区水冻裂外壳等，方考虑采用外层密封。实现外层密封的另一手段为采用不透水混凝土，即外壳由不透水混凝土构成。不透水混凝土层的厚度通常为 20 ～ 40 cm，并要求外水的渗透深度不得大于 8 cm。不透水混凝土的防水效果与水灰比、制作工艺、养护条件有关，一般要求水泥有较高的强度，收缩小，制作温度为 20 ～ 25℃，开挖面在灌注过程中不发生大位移等。

在特殊地质条件下，目前外层密封常采用多层结构，它是近年来发展并投入使用的新型密封结构。多层结构的特点在于密封层由多种材料，如人工合成材料、沥青、混凝土等构成，并根据不同的要求进行组合，以使密封层具有承受大位移、防止开裂或防止冷冻等不同的功能。

外层密封的优点为：阻水能力大；防止水侵蚀或冻裂承重结构。缺点为：密封层厚度大，需增大开挖面；隧道结构与围岩接触差，对结构受力不利；易产生局部变形而引起应力集中现象，从而使密封层遭到破坏，寿命难以保证；维修困难；在岩体压力较大时，很难建造密封层的临时安全支撑，施工难度大。

2. 中层密封

中层密封多用于双层衬砌中，是在现代隧道建造中被广泛使用的主要密封手段。

中层密封即在双层衬砌的外壳与内壳之间设一不透水层。不透水层可以只设在洞周的一个部分，即在仰拱处不密封。如采用不封闭的中层密封，密封层的底部需与积水排水管道相接，使阻挡在不透水层外的水沿不透水层流入积水排水管道中，然后由纵向主排水管道将水排出洞外。

用于部分截面的中层密封常为人工合成材料制成的薄膜，成品的薄膜为带状，沿隧道周边粘贴形成连续的薄膜，其底部接排水管。用于部分截面的中层密封薄膜通常一面为平滑面，另一面为凸凹面。平滑面与内壳接触，凸凹面与外壳接触，通过外壳进入的水沿凸凹面流向排水管。

部分截面中层密封的优点为：地下水是流通的，因此在内壳上不形成静水压力，内壳的构造可不必增加用于抵抗静水压力的强度部分，以降低造价。主要缺点为：排入排水管道的水有时带有纤维或泥沙，引起排水管道堵塞，从而增加管道清理的工作量；部分截面中层密封一般只适用于隧道外部只出现渗水的情况。

中层密封层通常用水泥浆粘在外壳上，为了防止外壳表面不平滑而引起局部应力集中现象，需在外壳必要的地方用水泥砂浆做一抹平层，以避免局部应力集中损坏密封层。除了抹平层，有时还在密封层与内壳相接触的表面再喷一层水泥浆作为加固层，必要时还可放置钢筋网，以增大密封层及固定薄膜的强度。

中层密封层也可采用全截面密封的形式。当采用这种密封形式时，地下水被全部堵在内壳以外，所设的排水管道只用于排走运营过程中的水。

全截面中层密封的密封层通常为人工合成材料制成的薄膜，薄膜的厚度为 2 mm 左右。薄膜不必设置流线，即薄膜的两面均为光滑表面。

全截面中层密封的优点为：外部水不进入排水管道，内部排水管道所需排走的水量小，管道维修量小。缺点为：要求隧道衬砌本身也为封闭式，即需建仰拱，从而提高了造价；另外，外部水不流通，在内壳上形成静水压力，当地下水位较高时，会产生较大的静水压力，因此要求提高内壳的强度来承担静水压力，从而提高造价。通常认为在有地下水和裂隙水的地段，为了防止含泥沙的地下水堵塞管道，常采用全截面中层密封的方式。用于中层密封的密封薄膜通常用焊接法粘成连续的形式。通常的人工材料具有热塑性，即在加热到一定温度后可成流体状，而这一特性则可用于薄膜带之间的相互焊接上。

尽管中层密封只可保护内壳结构不被水侵蚀，但实践证明它的防水效果较好，目前采用暗挖方式建造的隧道均采用中层密封，因此中层密封是现代隧道建造主要采用的方式。其优点为：工艺简单，造价比外层密封低；不易被磨损、破坏，相对寿命长。缺点为：不能保护外壳，不适应严寒地区或含有腐蚀性元素的地层；当密封薄膜不能用水泥浆黏结时，需用化学黏结材料并附加保护；封闭式中层密封承受静水压力，故增大了内壳的内力。

3. 内层密封

内层密封的密封层在承重结构内部，对于双层结构来说，密封层在内壳的内部。内层密封的密封层通常由钢薄板或钢管构成，厚度为 6 ～ 8 mm。内层密封一般只用于直径较小、内部压力较大的输水隧道。

（三）隧道的排水系统

隧道排水系统的设置应结合隧道具体情况，既要有利于隧道上部的疏水、截水、引水，将地面水引排于隧道以外，减少对隧道的影响，也要考虑当地农田灌溉、水利设施及人民生活的需要，要因地制宜，采用行之有效的排水系统。

排水系统的功能包括两个方面：排走进入隧道的地下水和排走洞内运营的内部水。

在采用外层密封的隧道中，在上部拱圈外防水层的端部和拱脚处用硬度较大的石块砌一排水槽，排水槽沿隧道纵向有 1∶25 的坡度，沿纵向每 8 ～ 20 m 处建一竖向排水槽，竖向排水槽与横向排水槽相接，又与主排水沟相接，主排水沟沿隧道纵向设置，可设在隧道的一侧，也可设在隧道中部。通过横向和竖向排水槽及纵向主排水沟即可将隔在密封层外的地下水排走。

1. 纵向积水管道

在现代隧道建造中，通常由纵向积水管、横向排水沟和主排水沟构成隧道的排水系统。纵向积水管的功能与传统隧道建造中的排水槽一样，积水管的直径为 100 ～ 300 mm，其上表面开有小孔，积水通过小孔流入积水管中。

采用外层密封的隧道，在承重结构外表的四周用鹅卵石填充，其中两侧的填充宽度为作业空间的宽度加上临时支撑的宽度（如支撑为板桩墙时，隧道承重结构建好后板桩墙被拆除，留下的空洞需用鹅卵石填充）。在放置纵向积水管的底部先浇灌一层填充混凝土，在放置纵向积水管后，用鹅卵石填封。纵向积水管设有一定的纵向水流坡度，坡度为一上一下，上下坡段间距根据排水量而定，为 10 ～ 100 m，纵向积水管在每一纵向坡段的底部与横向排水管或沟相接，由密封层隔离的地下水则先通过纵向积水管，然后通过横向排水管排入隧道主排水管，再通过主排水管排出洞外。

当地下水较多时，管道的设计需具有较大的排水能力，可增加管道的直径或增加纵向积水管数，并沿隧道的纵向每隔一段距离增加竖向排水槽等。

纵向积水管设在密封层下端，其直径通常在 15 mm 左右，厚度为 15 mm 左右，积水管用无砂混凝土做成。纵向积水管沿纵向设有流水坡度（1∶25 左右），并每隔 20 ～ 25 m 通过横向排水管与主排水管相连。为了便于清理纵向积水管中的淤积物，通常每隔 50 m 左右建造一个可重复打开的清理井。经验证明，通过这种井口用压洗法清理管道效果较好。

2. 主排水沟

除了长度在 100 m 以下，且长年干燥无水的隧道外，一般的隧道都设置排水沟，使渗漏到洞内的和从道床中涌出的地下水沿着带一定坡度的排水沟的线路流出洞外。排水沟的断面按排水量计算确定，但一般沟底宽不应小于 40 cm，沟深不应小于 35 cm。沟底纵坡宜与线路一致。水沟上面应设有预制的钢筋混凝土盖板，其顶面应与避车洞底面平齐。在排水沟的一定长度上设检查井，以便随时清理残渣。

排水沟有两种形式。一种是侧式水沟，设在线路的两侧或一侧，视水量大小而定。当为一侧时，应设在来水的一侧；如为曲线隧道，应设在曲线内侧。水沟每隔一定距离应设一横向联络沟，以平衡不均匀的流水量。另一种是中心式水沟，设在线路中线的下方，或设在双线隧道的两线路之间。

当主排水管道设在隧道一侧时，为排走内部运营水，需在隧道底表面设置约 1∶25 的横向坡度，排水井深度为 60 ～ 80 cm。排水井除了用于排水，还可作为清理主排水管的井口。

主排水管通常由混凝土管构成，直径约 25 cm，主排水管的纵坡应与隧道的纵坡一致。当隧道较长或隧道纵坡小于水流坡度时（约为 1∶25）也可将主排水管沿隧道纵向设置上下坡度，将水排入固定地点，然后用水泵抽出。地铁和城市的隧道常用水泵将水排入城市下水道中。

公路隧道的主排水管常设置在一侧。一方面，在清理管道时不妨碍隧道的正常使用；另一方面，公路隧道多为穿山隧道，需承受较大的垂直压力及水平压力，通常需设仰拱，而其拱脚处有足够的地方用于安放主排水管。主排水管设置在墙脚处的缺点为：当管道漏水时，常引起仰拱开裂，甚至局部破坏。较严重时可在墙脚处形成铰，从而改变承重结构的受力系统。如将无铰拱变成两铰拱，特别是当位移过大，顶拱产生裂缝时进一步变成三铰拱，其承载能力会受到影响。

当隧道衬砌为不封闭式，即无仰拱时，主排水管通常设在中轴线上，如地铁及铁路的隧道。主排水管设在中轴线上的缺点是维修清理管道时会阻碍或需停止隧道内车辆的运行。但当衬砌为密封式时，这个问题不突出，因为主排水管只用于排走运营时的内部水，管道不易被堵塞，相对的维修量比较小。

在严寒地区，为了防止水流冻结而堵死水沟，应采取防寒措施。一般可修筑浅埋水沟，即将水沟加深，用轻质混凝土做成上下两层，各自设钢筋混凝土盖板，两层盖板之间用保温材料填充密实，其厚度不小于 70 cm。

当浅埋保温水沟不足以防止冻害时，可设置中心深埋渗水沟，即利用地温本身的作用，达到保温、防冻害的目的。当隧道内冻结深度较深，用明挖法会影响边墙稳定时，可采用暗挖法修筑泄水洞。

在衬砌背后，可用片石或埋管设置环向或竖向的盲沟，以汇集衬砌周围的地下水，并通过盲沟底部的泄水孔（或预埋管）将水引入隧道侧沟排出。

第二章　隧道工程勘测设计

第一节　隧道工程勘测

隧道是修建于地层内的一种地下建筑物，地层及其周遭的地质条件对隧道的施工和正常运营具有重要的影响。隧道工程勘测的目的就是查明隧道所处位置的工程地质条件，以及隧道施工和运营对环境的影响，为规划、设计、施工提供所需的勘察资料，并对存在的岩土工程问题、环境问题进行综合分析，提出相对合理的设计方案和施工措施。

隧道工程勘测设计有两阶段勘测和一阶段勘测之分。特长隧道，需控制路线方案的长隧道，以及地形、地质条件复杂的隧道一般采用两阶段勘测，即初测和定测两个阶段，勘测资料分别满足初步设计和施工图设计所需资料的要求。除如前所述之外的隧道一般采用一阶段勘测，勘测工作按一次定测的要求和深度进行，以满足施工图设计需要。勘测阶段的目的不同，相应的工作要求和深度也不同，各阶段勘测采用的技术方法及应提交的资料也不同。

一、既有文献资料收集

既有文献资料收集主要指对已有资料的收集，包括地形地貌、地质、工程、水文、气象、资源开发、环境、灾害及文物保护等资料，目的是规划踏勘路线和编制以后的勘测计划。收集资料应以拟建隧道为中心，在较大范围内进行收集。

（1）地形地貌资料。它是指地形图、航空照片，以及有关的卫星遥感照片与遥测资料等，是路线选择、用地、线形确定、自然环境及地形地质判读的基本资料。可从国家测绘系统中收集 1∶50 000 ～ 1∶25 000 及

1∶2 000 ～ 1∶1 000 两种比例尺的地形图。前者主要用于选线，后者主要用于隧道方案比选和隧道定位。航空照片和卫星遥感照片的收集一般比较困难，主要用于重要的长大隧道。

（2）地质资料。它是指工程地质图、水文地质图，以及地质测绘、勘探资料和各类图件及说明书，包括工程地质、水文地质，特别是自然地质灾害的种类、性质、规模、危害程度等资料。要对资料的准确性和可能存在的问题进行分析，并分析各种灾害与隧道工程的关系。这些资料可以从地质部门或隧道周边的既有土建工程的有关资料中获得。

（3）气象资料。它包括拟建隧道地区的气温、气压、降水、积雪量、降雾程度、冻结深度、风速和风向等，可以设立气象观测点进行观测与收集，或从气象台站和各种期刊、年鉴等处获得。

（4）地震资料。它包括地震历史、种类（如是否是诱发地震等）、频度、震级、烈度，以及地震动峰值加速度系数等资料，可通过查阅资料、地方志和访问居民获得。

（5）环境资料。它包括自然环境（如动植物的生态等）、文物古迹、自然保护区、居民环境、施工条件、矿产资源，以及有关的法令法规等。

二、地形、地质调查

地形、地质调查是为了在现有地形条件下使路线尽可能得到优化的同时，在实际地质条件上得到一个稳固的隧道结构物。地形、地质调查分为施工前调查和施工中调查。施工前调查包括初测阶段和定测阶段的调查，勘测的阶段不同，所进行的地形、地质调查的手段、内容也有所不同。而施工中调查主要指地质调查。

（一）施工前的地形、地质调查

1. 初测阶段

在收集资料的基础上进行初步调查，目的是查明地形、地质条件对路线线形、隧道位置（洞口及长度）、引线及对施工道路和其他附属工程的影响，为初步设计提供资料。调查的范围应是隧道所穿越的全部地段及其延伸段，其宽度要视地质的实际情况和附属工程的布置与分布情况而定，一般可在路线中线两侧 500 ～ 2 000 m 进行。初测阶段应当由路线工程师和有经验的地质工程师在查阅已有资料的基础上用以现场调查和测绘为主的方式进行，必要时采用物探、钻探和试验工作，要求做好调查记录，参加调查的人员应包括设计、施工的主要负责人和组织施工的负责人，特殊情况下还应有环境、农业、生物及气象等方面的专家参加。

此阶段主要调查和分析以下内容。

（1）地貌与构造、岩性等地质因素的关系。

（2）洞口和洞顶的海拔标高，以及位于洞顶及其附近的深坑与洼地的成因及发育特征。

（3）河流与沟谷的冲刷切割情况及其发展趋势，以及水库、水塘、水田的分布。

（4）隧道所处区域的地质构造、现代构造应力场的方向和性质及其与隧道的关系对隧道的影响。

（5）断层、褶曲、节理和各种软弱结构面特征及其与隧道的组合关系对隧道的影响。

（6）隧道通过地带的地层岩性、层序、成因、年代、产状、分布规律及其接触关系、接触面的特征，岩层风化破碎程度和抗风化能力，以及基本的物理力学性质。

（7）地下水的类型、分布、补给、流量、流向、水质和地表水分布，含水层、透水层、隔水层的范围与隧道的关系和产生的影响。特别是水库地区或待建水库地区，要查明水位线、水库等可能影响隧道的地质问题，以及需要的观测或检测计划。

（8）滑坡、崩塌、岩堆、岩溶、膨胀土、软土、湿陷黄土、泥石流、采空区、盐渍土、多年冻土、流沙、泥沼、煤层、含有害气体或矿体的地层、冰川、雪崩等不良地质和特殊地质现象，查明其发生的原因及类型和规模，根据其发展趋势，判明其对隧道的影响程度。

2. 定测阶段

根据被批准的初步设计文件及审核意见，在初测基础上进一步核对、落实、深化，确定洞口位置及隧道中线，对已选定的隧道位置进行详细的工程地质勘查，为编制隧道施工图提供地质依据。此阶段可以采用调绘、物探、坑探、槽探、触探、钻探等方法，具体应根据地形、地质条件，采用适当的方法进行综合勘探，相互印证，以得到正确的结论。对于重要的、特别复杂的地质情况，甚至需要打探测导坑或试验洞，通过实测取得设计和施工所需的技术资料。测点的布置应与初测时未能查明的地质条件或沿隧道轴线方向有复杂地质问题的地段相适应，以达到进一步查明和补充校核的目的。此阶段地质详查的主要工作内容有以下几方面。

（1）在初测的基础上进一步开展深入细致的工作，着重查明和解决初测未能查明的地质问题，补充、核对初测的地质资料。

（2）根据地质特征，着重分析隧道围岩的稳定性和洞口斜坡的稳定性。

（3）对初测建议深入调查、勘探的重大复杂的地质问题进行分析并得出可靠的结论。

（4）正确评价和预测隧道区的工程地质条件、水文地质条件及其发展趋势，提供设计、施工所需的定量指标，以及设计施工应注意的事项和整治措施、意见。

由于易风化岩石（各类黏土岩、破碎松散的岩石及吸水易膨胀的岩石等）和膨胀性岩石（硬石膏盐岩及某些以蒙脱石为主的黏土岩等）通常具有风化速度快，力学强度低，遇水软化、崩解、膨胀等不良性质，对隧道围岩的稳定性极为不利。地下隧道竣工数十年后，仍可因岩石的流变性出现蠕变断裂，因此应充分注意。

对地下水涌水调查也应给予充分重视。因为涌水，特别是集中涌水，会恶化围岩的稳定状态，导致施工困难，增加工程造价，严重者甚至可能造成人身伤亡事故。集中涌水通常发生在大的断层破碎带、厚的含水沙砾石层、溶洞发育（尤其是地下暗河）的石灰岩等地段，涌水量每小时可达几十吨至几千吨。

目前对集中涌水的定量掌握比较困难，主要是预测对工程安全有影响的涌水位置、涌水压力、涌水量及山体稳定情况等。预测时可根据地质踏勘、弹性波探测及钻探等分析地质构造，了解含水层的位置、规模和透水性。

无论是初测阶段还是定测阶段，在完成野外地质工作后，都应对下列资料进行归纳整理。

①隧道工程地质说明书。

②隧道工程地质平面图。图上应填绘物探、钻探、挖探的探点平面位置，比例尺为 1∶5 000 ～ 1∶2 000。

③隧道工程地质纵断面图，图上应标明勘探点的位置。若进行震探，应标明岩层的弹性波速，比例尺为 1∶5 000 ～ 1∶500（横）、1∶1 000 ～ 1∶200（竖）。

④洞口、洞身工程地质横断面图标明勘探点的位置。若进行震探，应标明岩层的弹性波速，比例尺为 1∶500 ～ 1∶200。

⑤钻孔地质柱状剖面图。

⑥试验资料汇总表。

⑦航空照片地质解释资料、工程地质照片、野外素描图等。

⑧对于严重影响隧道方案的特殊地质、不良地质地区，应编制专项资料。

⑨有关地震烈度的资料。

各勘测阶段的各项野外工作结束后，对原始记录、计算、底图等应在工地认真进行校检，分类整编，并完成相应勘测阶段的说明书初稿。对于室内试验、研究工作应按规定编制有关图表，并做简要说明。这些工作要求在相应勘测阶段说明书定稿以前完成。

（二）施工中的地形、地质调查

施工中的地质调查可采用地面补充调查的手段；开挖工作面可采用直接观察素描、摄像、量测的手段；对于工程地质、水文地质复杂的隧道，可采用超前地震波反射、声波反射、地质雷达等地球物理手段，或采用超前钻孔、平行导坑、试验坑道等手段进行超前探测，及时预报可能发生地质灾害的位置和灾害性质。施工中工程地质调查应完成以下任务。

（1）根据对围岩性质的直接观察、量测和试验资料，核定岩性、地质构造、地下水等情况，分析判定实际揭露的围岩级别。

（2）及时预报和解决施工中遇到的工程地质问题和水文地质问题。

（3）为验证和修改（变更）设计方案及调整施工方案提供依据。

三、气象调查

隧道地区的气象条件直接影响隧道选线、结构设计、洞外场地布置、设施安排、进度计划及施工管理。特别是隧道洞口位置的选择，对车辆安全行驶影响极大。例如，隧道洞口附近的崩塌、滑坡、泥石流、阵风、风吹雪、雪崩、路面冻结、挂冰雾、洞外亮度、洪水等直接影响路线的选定。施工时混凝土的防冻及用水的保温、施工道路的选择、洞口附近的风向、风速对隧道通风的影响、洞口附近的防风挡墙、预防风吹雪构造物、通风塔位置、植树带位置等对环境的影响、洞口排出废气的流动方向等都受气象条件的影响。

气象调查一般包括下列内容。

（1）降雨：年降雨量、月平均降雨量、日最大降雨量、小时最大降雨量。

（2）降雪：最大降雪日、最大积雪量、积雪期、日最大降雪量、雪密度、雪温。

（3）气温、地温：年平均气温，绝对最高、最低气温，日温差；冻结期、冻结深度、多年冻土深度、水温。

（4）风向、风速：频率分布（年间、月间、日间）。

（5）雾：降雾天数和程度（能见度）。

（6）雪崩、风吹雪：场所、规模、频度、时期、种类。

（7）洪水：洪水量、水位、时期。

在制订气象观测计划时，应根据目的和用途选择观测项目、场所、时间、精度和仪器。观测场所应具有代表性，在适当的时间间隔进行。必要时应在隧址处建立气象观测点（站）进行观测，持续收集当地气象资料。

四、工程环境调查

无论是在隧道工程开工前，还是在工程完成后，都应当对路线及其附近的环境进行调查，并征求各方面专家的意见，评价隧道施工和运营对周边环境的影响程度，根据具体情况提出必要的环境保护措施。

（1）自然环境调查。应对隧道场区及邻近地区相关的地表水系、地下水露头、涌泉、温泉、沼泽、天然湖泊和人工湖泊、植被、矿产资源及动植物生态等自然环境状况进行调查。

（2）社会环境调查。应对场区内土地使用情况、农田、水利设施、建筑物、地下管线情况等进行调查。若场区内有公园、保护林、文化遗址、纪念建筑等需要保护的重要地物，除应调查它们的现状外，还应提出隧道建设对其环境影响的评价和保护措施。

（3）生活环境调查。应对生产生活用水、交通状况、施工和运营噪声、振动、污水废气排放等进行调查。应对在施工和运营中地下水大量流失可能造成的地表沉降、塌陷、地面建筑物破坏、生产生活用水枯竭等环境问题的影响程度进行调查和预测。

（4）施工条件调查。应对施工便道、施工场地、拆迁、弃渣场地、供水、供电、通信条件，以及建筑材料的来源、品质、数量等进行调查，包括其他可能影响施工的因素。

第二节 隧道选址

野外调查工作完成后，应根据地形图和各种调查资料，在多个路线方案中进行技术、经济的比选，最终确定一条路线。比选时通常根据路线（包括隧道）的长短及地形、地质条件的复杂情况，在不同比例尺的地形图上选择。如果路线长度较长且地形、地质条件复杂，可先在中比例尺（1∶50 000～1∶25 000）的地形图上进行较大范围的选择，然后在大比例尺地形图（1∶5 000～1∶2 000）上比选确定。如果路线短且地形、地质条件简单，那么可直接在大比例尺地形图上选择。路线比选的要点是：线形适当（包括平面顺适、纵坡均衡、横面合理）、安全性、用地、投资费用（包括运营通风、照明、养护费等）、行驶性能、施工条件，以及工程对周围的影响等。在选择路线时，应按《公路工程技术标准》（JTG B01—2014）的规定，从平面线形和纵坡的关系上考虑是否需要设置隧道。另外，从克服高寒地区的雪害、对多雾地区和事故多发地的管理及环境保护等方面考虑，往往需要设置隧道。选择隧道位置时，要考虑到路线的特性，如隧道与前后线形的衔接、地形及地质条件对施工难易程度的影响、交通安全、行驶性能等，在洞口附近应特别注意。为了确保视距，隧道平面线形应采用直线或不设超高的平曲线半径。隧道长度较长时，为便于通风，应把纵坡尽可能控制在 2 % 以下。

引线和隧道的衔接应当协调，并在必要的距离以内避免急弯和纵坡的改变。在确定隧道标高时，应充分考虑冻结和积雪可能给交通造成的危害。在居民聚居区或在重要的自然保护区及其附近设置隧道时，需考虑环境保护问题，研究噪声和排出的污染对环境的影响。

一、越岭隧道选址

当线路从一个水系进入另一个水系时，为穿越分水岭而修建的隧道称为“越岭隧道”。越岭地段通常地形陡峻、山峦起伏，工程地质和水文地质条件复杂。越岭隧道往往起着控制路线局部方向的作用，施工时控制全线工期，因此越岭隧道的位置应在较大范围内慎重比选确定。越岭隧道平面位置的选择主要考虑所选垭口的工程地质条件、洞门的位置、隧道长度和线形、两侧展线的难易程度和工程量的大小。选择时先根据线路的总方向和克服越岭高程的不同要求，在较大范围内寻求可供越岭的垭口位置，然后进行比选。对可能穿越的垭口，应拟订不同的越岭高程及其相应的展线方案，结合路线线形及施工、运营条件等因素，在进行全面的技术经济比较后确定，比选时应考虑以下因素。

（1）优先考虑在路线总方向上的或附近的低垭口，其展线条件好，隧道较短。

（2）具有良好展线条件的沟谷且不损失越岭高程的垭口。

（3）分水岭两边沟谷高程相差不多且两边沟谷平面位置接近处。

（4）工程地质和水文地质条件良好的垭口。

（5）施工难易度、运营条件等。

选定越岭垭口后要进行隧道高程的选择。一般来讲，低线方案行驶条件最好，发挥的作用最佳，而且占地少，能较好地保护自然环境，若隧道较长，则造价高，运行费用高，技术管理要求也高；高线方案则相反，山体较薄，隧道较短，造价与运行费用相对较低，但是线路拔起高度大，两端引线长度增加，功能和作用相对较差。因此，在方案比选中应综合比较。

二、傍山隧道选址

山区道路通常沿河傍山而行，沿河地段的地质构造较复杂，河床狭窄、弯曲，地势陡峻，布线较为困难。为改善线形、提高车速、缩短里程，常需修建傍山隧道。这种隧道一般埋深较浅，地层受风化影响较大，施工中容易遇到各种工程病害。山坡也常有崩塌、滑坡、泥石流、松散堆积、错落等不良地质现象发生。路线受河谷地形限制，存在道路绕行、明挖路堑或修筑填土路基困难等问题，常采用隧道群或桥隧群解决。

在选择傍山隧道位置时，应注意以下几点。

（1）傍山隧道埋深较浅的地段，其洞身覆盖因里侧厚、外侧薄，会产生偏压问题，所以洞身应尽量向山体内侧移动。

（2）在河道窄、水流急、冲刷力强的地段，要考虑水流冲刷对山坡稳定和洞身安全的影响。所以隧道位置宜向山体内侧靠一些，必要时应设置护坡、支挡结构。

（3）洞口是易于产生病害的位置，一般要接明洞，但明洞造价远高于隧道造价，因此要进行隧道群方案与长隧道方案的经济技术比较。

（4）选择傍山隧道位置时还应注意既有公路边坡的坍塌和施工便道对洞身稳定性的影响。

三、不良地质地段隧道选址

地质条件在选择隧道位置时通常起着决定性作用，隧道位置应选择在地质结构相对完整、稳定的地层中，这样对施工和运营均有利，并可节省投资。而实际上，工程地质、水文地质条件是千变万化的，线路不得不通过各种不良的地质地段，此时选择隧道位置应考虑以下因素。

（一）滑坡、错落

滑坡、错落对隧道的危害很大，可能会使隧道结构物受到挤压而产生纵向裂缝，或将隧道结构横向剪切断开，下滑土体甚至可能带动整座隧道建筑物下移，因此应尽可能避开滑坡、错落地段。无法避开时，应将隧道洞身埋置在可能滑动面或错落体以下一定深度的稳定地层中。

（二）崩塌、松散堆积层、危岩、落石

崩塌的出现是突然的，巨型崩塌的崩塌量可达万方以上，冲击力很大，不易防范，在选择隧道位置时应避开。无法避开时，也不要把隧道置于地表不厚的傍山位置，而应尽可能移入山体的稳定岩层中。

小型崩塌、危岩、落石如果发生在洞口地段，不仅影响施工，还影响交通安全，应采用支护等方法。把握性不大时，可通过设置明洞解决。隧道应避开不稳定、松散的堆积层，使洞身处于基岩中，并具有足够的安全厚度。

（三）泥石流

泥石流一般来势凶猛，破坏力极大，隧道位置的选择务必躲开泥石流泛滥区。隧道必须穿过泥石流沟床下部时，应使隧道洞顶距离沟床基岩面或最大下切面有一定的安全覆盖厚度。隧道洞口应避开泥石流沟及泥石流可能扩展的范围，或者可修建一段明洞，使泥石流在洞顶通过。

（四）流沙、溶洞、土洞

流沙地段可能会发生地基沉陷、失稳而破坏隧道。溶洞和土洞分别是地表水或地下水对可溶性岩石和土层溶蚀、冲刷而产生的空洞，有的洞被自然

填充，但填充物承载力一般较低。隧道应避开流沙、岩溶严重发育的巨大空洞区、溶洞群及地质构造破碎带等地段，尽量避开易溶岩与难溶岩的接触带，否则将可能给施工和安全运营造成困难。当无法避开时，应选择影响范围最小处以最短距离通过，还应提出合理可行的工程处理措施，以保证施工和洞身的安全。

（五）有害气体

含煤地层中蕴藏着有害气体，如甲烷（CH_4）、硫化氢（H_2S）和二氧化碳（CO_2）等。隧道挖开后，有害气体逸出，轻则使人窒息，重则引起爆炸，危害甚大，施工时最好能避开。无法避开时，应切实加强通风系统来稀释有害气体，使得有害气体含量降到允许值以下，以防止发生爆炸。

四、隧道洞口位置选择

隧道洞口位置的选择是隧道勘测设计的重要组成部分。洞口位置的好坏将直接影响隧道的施工、造价、工期和运营安全。选择时应综合考虑洞口地形、地质条件，施工、运营条件，以及洞口的相关工程和周围的环境保护，通过对技术、经济等因素进行比较后再确定，切忌仅考虑经济因素选择隧道洞口。

洞口位置选择的一般原则和要求如下。

（1）隧道洞口部分地质条件通常较差，是整个隧道的薄弱环节，应当尽可能避开滑坡、崩塌、岩堆、危岩、泥石流等不良地质地段。在确定洞门位置时，对边仰坡的稳定性应着重考虑，以免造成难以整治的病害，危及施工和运营安全。洞门位置一般应设在山体稳定、地质条件好、排水有利的地方。在选择洞口位置时，应贯彻“早进洞、晚出洞”的原则，尽量避免大挖大刷山坡，破坏山体稳定。

（2）洞口不宜设在排水困难的沟谷低洼处和汇水沟处。沟谷地势狭窄，会给施工和防洪带来困难，同时沟谷处常常有断层、滑坡、冲积层等不良地质现象，地下水也较丰富。因此，最好把洞口移到沟谷地质条件较好的一侧，即有足够宽度的山嘴处。

（3）洞口不宜设在不稳定的悬崖陡壁下。若无法避开，也不宜扰动坡面和破坏地表植被及暴露风化破碎岩层，应采用接长明洞的办法，将洞口移至危险范围以外 3 ～ 5 m 处。如果岩壁稳定，无崩塌或落石的可能，则可以考虑贴壁进洞。

（4）洞口地形平缓时，一般也应“早进洞、晚出洞”。在这种情况下，洞口位置选择余地较大，应结合洞外路堑、填方、弃渣场地、工期等确定。如果洞口位于堆积层上，为避免引起坍塌、滑坡，保持山体稳定，一般不宜大量清刷。需要时可接长明洞，以确保施工和运营的安全。

（5）应使隧道轴线与地形等高线正交，这样洞口段衬砌结构受力条件较好，正交洞口的边坡、仰坡开挖较小而且均衡。道路隧道一般不宜设计斜交洞口。

（6）由于施工有许多工序是在洞外进行的，需要一定的场地。因此，对于长大隧道，应综合考虑洞口附近施工场地、弃渣场及施工便道等布置对组织施工和工程进度的影响。

（7）洞口附近有居民点时，应考虑提前进洞，尽可能减少附近地上构筑物、地下埋设物与隧道的相互影响，并减少其对环境（农业、交通、居住环境）的影响。

（8）当洞口位于有可能被淹没的河滩、水库回水影响范围以内或山洪地区时，洞口的路肩设计标高应高出水库计算洪水位（包括浪高和壅水高）以上 0.5 m，以免洪水侵入隧道。

（9）预先考虑运营后通风设备排出的废气和噪声对周围环境的影响程度和解决办法。

（10）要针对雪崩、阵风、风吹雪等对安全行驶的影响进行研究，考虑设置防雪工程、防风工程和防路面冻害工程的必要性。

第三节　隧道的几何设计

隧道的几何设计主要研究行车与隧道的平面线形、纵断面及隧道接线之间的密切关系，以满足行车安全、经济、舒适的要求。

一、隧道的平面设计

隧道平面是指隧道中心线在水平面上的投影。隧道的平面线形设计和普通道路一样，要按《公路路线设计规范》（JTG D20—2017）的有关规定进行。由于隧道内的运营和养护条件比洞外明线差，隧道内的线形标准应适当提高，原则上应采用直线，避免曲线。若必须设置曲线，不宜采用超高的平曲线和加宽的平曲线。

设置平曲线时有两点应当引起注意：一是小半径曲线，二是超高。如果采用小半径曲线，将会产生视距问题。为确保视距，势必要加宽断面。断面加宽后施工变得困难，断面不统一，各断面的相互过渡也给施工增加了难度，这些都会增加工程费用。设置超高也会导致断面的加宽。因为隧道内一般是禁止超车的，所以只能采用停车视距，根据停车视距可以换算出设置曲线时不加宽的最小曲线半径。曲线隧道即使不加宽，在测量、衬砌、内装、吊顶等工作上也会变得复杂。此外，曲线隧道对自然通风也不利。不过，是否设置曲线，应该根据隧道洞口部分的地形、地质条件及引道的线形等综合考虑决定。由隧道及前后引道组成的路段应做到线形平顺、连续，行车安全、舒适，并与环境景观协调一致。

需要指出的是，单向行驶的长隧道如果在出口一侧设置大半径曲线，面向司机的出口，其墙壁亮度是逐渐增加的。尤其是遇到出口处阳光直接射入，或洞门面向大海等亮度高的情况，出于司机“亮适应”的需求，此时设置曲线反而是设计所需，遇到这种情况时应慎重考虑。

二、隧道纵断面设计

隧道纵断面是指中心线展直后在垂直面上的投影。隧道内线路纵断面设计要确定隧道内线路的坡道形式、坡度大小、坡段长度和坡段间的衔接等。

（一）坡道形式

隧道处于岩层之中，除了地质发生变化，线路走向不受任何限制，不必采用复杂多变的形式，一般可采用单面坡或人字坡。两种不同的坡型适用于不同的隧道。

位于紧坡地段争取高程区段上的隧道、位于越岭隧道两端展线上的隧道、地下水不多的隧道，或是可以单口掘进的短隧道，可采用单面坡。单面坡的优点是：可以争取高程，拔起或降落一定的高度；单面坡隧道两洞口的高程差较大，由此而产生的气压差和热位差也大，能使洞内自然通风。单面坡的缺点是：在施工阶段，由于下坡开挖，洞内的水自然会流向开挖工作面，使开挖工作受到干扰，需要随时抽水外排；此外，运渣时空车下坡，重车上坡，运输效率低。

长大隧道、越岭隧道、地下水丰富而抽水设备不足的隧道，宜采用人字坡。尤其是越岭隧道，无须争取高程，而垭口两端的沟谷地带同是向下的人字坡，正好符合地形条件。人字坡的优点是：施工时水自然流向洞外，排水措施相应简化；重车下坡，空车上坡，运输效率高。人字坡的缺点是：列车通过时排出的有害气体聚集在两坡间的顶峰处，尽管有机械通风，但有时也排不干净，经过长时间积累，浓度渐渐增加，使司机及洞内维修人员的健康受到影响。

（二）坡度大小

对于行车来说，铁路隧道线路的坡度以平坡为最好。但是，天然地形是起伏不定的，施工方为了适应天然地形，减少工程数量，只好随着地形的变化设置与之相适应的线路坡度。但依据地形设计坡度时，注意应不超过限制坡度，如果平面上有曲线，还需为克服曲线的阻力再减去一个曲线当量坡度。

隧道内的行车条件要比明线差，对线路最大限制坡度的要求更为严格。因此，隧道内线路的最大允许坡度要在明线最大限制坡度上乘以一个折减系数。考虑坡度折减有以下原因。

（1）列车车轮与钢轨踏面间的黏着系数降低。机车的牵引能力有时是由车轮与轨面之间的黏着力来控制的。隧道内空气的相对湿度较露天处大，因而可在钢轨踏面上凝成一层薄膜，使轮轨之间的黏着系数降低，机车的牵引力也随之降低。此外，如果用蒸汽机车牵引，机车喷出的煤烟渣子落在轨面上，也会使黏着系数降低。因此，隧道内线路的限制坡度应比明线的限制坡度小。

（2）洞内空气阻力增大。列车在隧道内行驶，其作用犹如一个活塞，洞内空气给前进的列车以空气阻力，使列车的牵引力减弱。所以，隧道内的限制坡度要比明线的限制坡度小。

由于上述原因，隧道内线路的限制坡度要在明线限制坡度上乘以一个小于 1 的折减系数。位于长大坡道上长度大于 400 m 的隧道，其坡度不得大于最大坡度按规定折减后的数值；位于长大坡道曲线地段的隧道，应先进行隧道内线路最大坡度折减，再进行曲线坡度折减。

另外，不仅隧道内的线路应按上述方式予以折减，洞口外一段距离内的线路也要考虑相应的折减。因为列车一旦进入隧道，空气阻力就会增加，黏着系数也开始减少，所以在上坡进洞前半个远期货物列车长度范围内，也要按洞内一样予以折减。至于出洞，列车已达明线，就不存在折减的问题了。

除了限制最大坡度，还要限制最小坡度，因为隧道内的积水全靠排水沟向外流出。《铁路隧道设计规范》（TB 10003—2016）规定，隧道内线路不得设置平坡，最小允许坡度不宜小于 3 ‰。由于受车站设置位置的限制，部分隧道洞口段设置为平坡或坡度小于 3 ‰，隧道设计应考虑洞内排水因素，采取调整结构、加深水沟的措施，保证隧道排水纵坡不小于 3 ‰。

高速铁路由于行车速度快，因此对坡道的最小坡率提出了要求。正线的最大坡度一般不应大于 20 ‰；在困难条件下，经技术经济比较，不应大于 30 ‰；动车组走行线的最大坡度不应大于 35 ‰。

（三）坡段长度

由于铁路隧道内线路的坡型单一，因此不宜把坡段定得太长，尤其是单坡隧道。如果是一路上坡，列车就必须持续爬坡，这样会越行越慢，甚至有停车的可能或出现车轮打滑的情况，容易发生事故。在下坡时，由于坡段太长，制动时间过久，机车闸瓦摩擦发热，会使燃油失效，导致刹不住车，发生溜车事故。所以，在限坡地段，坡段不宜太长。如果隧道很长，坡度又不易变动，为了不使机车爬长坡，可以设置缓坡段，使机车有一个缓冲的时间。

此外，在顺坡设置排水沟时，如果坡段太长，排水沟就难以设置。不是流量太大，就是沟槽太深，有时为此需要设置许多抽水、扬水设施，分级分段排水，这也给今后的运营和维修增加了工作量。所以隧道内线路的坡段不宜太长。

与此相反，隧道内线路的坡段也不宜太短。因为坡段太短意味着变坡点多而密集，列车行驶就不平稳，司机在操纵时要随时进行调整。列车过变坡点时，受力情况也随之变化，车体间会发生相互的冲撞，车钩会产生附加的应力。如果坡段过短，一列车在行驶中同时跨越两个变坡点，车体、车钩同时受到不利的影响，有时会发生事故。实践证明，坡段长度最好不小于列车的长度。考虑到长远的发展，坡段长度最好不小于远期到发线的长度。

高速铁路由于限定了最大坡率，而对于坡道的长度未限制最大值，因此要求正线设计为较长的坡段，一般条件下不应小于 900 m，困难条件下不应小于 600 m。

（四）坡段连接

对于铁路隧道来说，为了行车平顺，两个相邻坡段坡度的代数差值不宜太大，否则会引起车体之间仰俯不一，车钩受到扭力，容易发生断钩。因此，在设计坡度时，坡间的代数差要有一定的限制。从安全的观点出发，两坡段间的代数差值 Δi 不应大于限坡值 i。为旅客列车设计行车速度小于 160 km/h 的铁路段，相邻坡段的坡度差大于 3 ‰ 时，应以圆曲线形竖曲线连接，竖曲线的半径应采用 10 000 m；为旅客列车设计行车速度为 160 km/h 的铁路段，相邻坡段的坡度差大于 1 ‰ 时，应以圆曲线形竖曲线连接，竖曲线的半径应采用 15 000 m，竖曲线不宜与平面圆曲线重叠设置。在困难条件下，竖曲线可与半径不小于 2 500 m 的圆曲线重叠设置；在特殊困难条件下，经技术经济比较，竖曲线可与半径小于 1 600 m 的圆曲线重叠设置。

隧道内线路坡度的设计不但要考虑上述因素，还要检算列车在相应坡段上的行车速度。因为列车上坡需要一定的速度才能将动能转化为势能。如果列车开始上坡时没有足够的前进能力，行至中途，机车的效能就会有所降低，并逐渐衰减，趋近于不能前进，出现打滑、停车，以致倒退等危险情况。即使能勉强爬上，缓缓而过，由于洞内行车时间过长，污浊空气会使乘务人员及旅客感到非常不舒服，甚至出现晕倒、窒息等事故。

三、隧道接线

隧道洞口连接线的平面及纵断面线形应与隧道线形相协调，并确保足够的视距和行驶安全。

隧道两端洞口连接线的纵坡应有一段距离与隧道纵坡保持一致，以满足设置竖曲线和保证各级公路停车或会车视距的要求。为了使汽车能顺利驶入隧道，驾驶员应提前知道前方有隧道。当汽车驶近隧道时，驾驶员应能自然地集中注意力观察洞口及其附近的情况，并保证有足够的安全视距可以及时察觉障碍物，采取适当措施，确保行车安全。通常把开始注视的点称为注视点，把从注视点到安全视距点所需的时间称为注视时间。从注视点到洞口采用通视线形极为重要。

在洞口及其附近设置平曲线或竖曲线的变更点时，应以不妨碍观察隧道且保证足够的注视时间为最低限度。

对于在山区高速公路建设中遇到的一些距离很近的短隧道群，可视为长隧道，其平、纵线形指标按长隧道考虑。

隧道内的路肩宽度与一般道路相比要缩小很多，需要进行平滑过渡，应在适当的距离内收缩，使汽车能顺利地进出隧道。因此，通常根据车速设计成 1/50 ～ 1/25 的楔形过渡段。在这个楔形过渡段中，一般应设置路缘石、护栏、路面标志线，以及其他洞口附近的构造物等。另外，设计引线时还要考虑接近洞口的桥梁、路堤等。

四、隧道线形设计

（一）隧道线形

隧道内线路的设计首先应满足线路规定的各种技术指标。隧道内的环境条件比较差，无论是车辆运行，还是维修养护，都处于不利的情况。为满足隧道的要求，隧道内线路必须满足一些特殊的技术要求。

隧道平面线形一般设计成直线，直线对通风有利。如果是曲线，尤其是小半径曲线，通风阻力增大，对自然通风不利，同时会增大机械通风量。隧道取较小半径直线通常需设置超高和加宽，使施工变得复杂，断面不统一，它们的相互过渡也会给施工增加难度，因此在隧道洞身尽量不设置曲线。如果隧道洞口正朝东西方向，可将洞口设计成曲线，以避免阳光直射驾驶员视野，或者设置必要的遮阳棚。当因地形、地质等条件限制时，可采用较小半径线形，但必须进行技术论证。

关于铁路和地铁隧道线路，原则上应尽可能选为直线。因为直线不仅经济，而且容易建造，自然通风效果好。但当受隧道任务及地质条件限制时，也可设置弯道。弯道的大小受牵引车辆速度的限制，即弯道的曲率半径应满足相应车辆的要求。有时，铁路及地铁隧道本身线路为直线，但在洞外设置弯道，这种情况常出现在山区或需要躲避地面障碍时。

与铁路和地铁隧道不同，公路隧道的线路常为曲线，这是由于洞内外光线的差异常会导致驾驶员入洞后对距离的估计产生偏差。为了形成一个视线障碍区，需根据洞内允许车速取相应的弯曲周率设置弯道。

隧道的线形设计应根据地质、地形、路线走向、通风等因素确定隧道的平曲线线形。当设计为曲线时，不宜采用设超高的平曲线，不应采用加宽的平曲线。

（二）分离式双洞隧道间距

当在线路的每个行驶方向上开挖一条隧道而形成分离式独立双洞隧道时，需确定两洞之间的间距。最小净距是指隧道毛洞边壁之间的最小间距。

分离式双洞隧道的间距属平面线形问题，两洞间距的确定应充分考虑工程地质条件、路线线形、隧道断面形状、施工方法、工期要求等因素。

国内外研究结果表明，当双洞中轴距离为开挖毛洞宽的 2 倍（视地层为完全弹性体的情况）至 5 倍（黏土等软弱地层的情况）时，可将其作为相互不受影响的独立双洞考虑。而小净距隧道则由于施工原因受到应力再分配的相互影响。在日本，据大量工程统计，取中轴 30 m 居多，因此一般情况下取 30 m 作为中轴间距。但是，如果将较大值（30 m）作为间距标准值，则洞外地形狭窄地段将会产生大量人工边坡、桥隧相连，会导致工程费和养护费的增加，而且线形很差，连续中、短隧道（亦称“隧道群”）的修筑将非常困难。因此，有必要在这些特殊地段采取小净距隧道或连拱隧道的形式。当然，也可在洞身段采取较大间距，形成独立隧洞，而在洞口段渐变过渡成小净距或连体形式，使其更加符合实际情况。当地层自稳性较差时，小净距隧道或连拱隧道在施工上是有风险的，对此必须做出充分的技术论证，并制定质量保证措施。

在确定分离式独立双洞隧道间距时，需要考虑两个因素：第一，当两孔之间的隔墙双向受力时，需保证隔墙产生的内力小于隔墙的强度，使隔墙受力后不被破坏；第二，需保证两孔洞在建承重结构后各自形成的天然拱（或称“拱膜区”）不相互影响，以避免产生松动。

要考虑隔墙受力的相互影响。孔洞直径为 d，隔墙在开挖前有初始应力。在开挖后，开挖周边的切向应力可增加两倍，切向应力随着距洞周距离的增大而减小，在离孔洞周边一倍的孔洞直径处，切向应力增大值小于 10 %。因此，从受力相互影响的角度上讲，一般认为隔墙的宽度 S 需大于孔洞直径的两倍，即 $S \geqslant 2d$。

孔洞在建承重结构后形成拱膜区的范围则主要取决于支护结构形式及对围岩的加固方式。对于新奥法施工中常用的支护结构及围岩加固方式而言，支护结构所形成的松动区 L 约为 6 m，压密区约为 3 m。

（三）公路隧道引线设计

衔接隧道两端公路路线的线段称为隧道引线。隧道引线的平面线形应当是连续且平顺的，设计应注意以下几点。

（1）隧道引线应与隧道线形相协调，隧道洞口内外一定长度（通常为 3 s 设计速度行程）范围内的平面线形一致、纵面线形一致。进洞前和出洞后的引线纵坡应有一段距离与隧道纵坡保持一致，以满足设置竖曲线和保证视距的需要。

（2）隧道引线平面线形应尽可能直，曲线半径应尽可能大，一般来说与自然等高线大致相适应的设计是较好的线形。

（3）两同向曲线间以短直线相连（断背曲线）会破坏平面线形的连续性，应当避免。设计时应设法调整曲线半径，做成一个单曲线或复曲线。两反向曲线间夹有直线时，应设置不小于规范规定的最小直线长度。三、四级公路两相邻反向曲线无超高加宽时可以相衔接，无超高有加宽时中间应有长度不小于 10 m 的加宽缓和段。工程特别困难的山岭池区，三、四级公路设置超高时，中间直线长度不得小于 15 m。

（4）应注意曲线线形的连续性。位于曲线蜿蜒路线中的个别半径较小的曲线，对平面线形的连续性影响不大；但若位于直线多或半径大的路线中，个别半径稍小的曲线会使线形出现突然折曲而造成不连续，影响行车的安全与舒适，应予避免。

（5）任何连续急弯的线形都应避免。为将连续反向曲线的线型设计得舒顺，可在曲线间插入足够长的直线，或设置较长的回旋线，以改善线形。

（6）复曲线能很好地适应地形和其他地物的限制，但在应用时应注意有关相邻两圆半径的比值及曲线长度的规定。四级公路的复曲线，其大圆与小圆半径之比以不大于 2 为宜，如小圆半径大于不设超高的最小半径值可不受此限制，应适当放宽限制。

（7）长、特长双洞隧道宜在洞外合适位置设置联络通道，以利车辆掉头。

（8）当隧道净宽大于所在公路等级路基宽度时，两端引线应设置不短于 50 m 的隧道等宽加宽段，并设计过渡段加以衔接。当隧道净宽小于所在公路等级路基宽度时，两端引线应按等级公路标准设计，与隧道洞门端墙衔接，以保持隧道洞口内外横断面过渡。

（四）隧道纵坡设计

隧道纵坡设计就是指选定隧道内线路的坡道形式、坡度大小、坡度长度和坡段间的衔接等。

公路隧道的坡道形式分为单面坡和人字坡，纵坡坡度以不妨碍排水的缓坡为宜。在变坡点应设置足够的竖曲线。隧道纵坡过大，无论是在汽车的行驶上还是在施工及养护管理上都不利。公路隧道控制坡度的主要原因是通风，汽车排出的有害物质随着坡度的增大而增多，一般把纵坡保持在 2 % 以下较好，超过 2 % 时有害物质的排出量迅速增加，纵坡大于 3 % 是不可取的。不存在通风问题的隧道可以按交通公路设置纵坡，单向通行的隧道应设计成下坡的隧道，因为两端洞口高差是决定自然通风效果的重要因素之一，所以坡度应适当加大。

考虑到施工中和竣工后的排水问题，在隧道内不应采用平坡。在施工时，为了使隧道涌水和施工用水能在坑道内的施工排水沟中流出，需要 0.3 % 的坡度。如果预计涌水量相当大，则需采用 0.5 % 的坡度。竣工后的排水，包括涌水、漏水、清洗隧道用水、消防用水等，如果能满足施工排水的需要，其最小坡度不宜小于 0.2 %。在高寒地区，为了避免冬季排水沟产生的冻害，应适当加大纵坡，使水流动增加，对排水有利。采用人字坡从两个洞口开挖隧道时，施工涌水容易排出；采用单面坡从两个洞口开挖隧道时，高位洞口的施工涌水不能自然向外流出，设计时应综合考虑这些问题。陡坡隧道且涌水量大时，应考虑减缓坡度。

综合考虑行车的安全性、营运通风规模、施工作业效率和排水要求，隧道内纵坡不应小于 0.5 %，一般情况下不应大于 3 %。当受地形限制时，高速公路及一级公路的中、短隧道可适当加大坡度，但最大坡度不宜大于 4 %；

当隧道较长时，坡度应小于 2.5 %。短于 100 m 的隧道纵坡可与该公路隧道外线形的指标相同。对于铁路及地铁隧道来说，纵向坡度的大小受机车牵引力的限制，即纵向坡度必须小于相应规范所规定的限制坡度。当采用较大纵坡时，必须对行车安全、通风设备和营运费用、施工效率的影响等做出充分的技术经济效益综合论证。

第四节　隧道断面设计

隧道横断面的设计主要是指根据隧道结构的建筑限界来确定隧道结构的内轮廓及衬砌的厚度。

一、隧道建筑限界及内净空

在地层中修成的隧道，必须要有足够的净空以满足运营安全的要求。不同用途的隧道，其净空的大小也不一样。

（一）隧道净空

隧道净空是指隧道衬砌的内轮廓线所包围的空间。铁路隧道净空是根据隧道建筑限界制定的，而隧道建筑限界是根据基本建筑限界制定的，基本建筑限界又是根据机车车辆限界制定的。

限界是一种规定的轮廓线，这种轮廓线以内的空间是保证列车安全运行所必需的。建筑限界是指建筑物不得侵入的一种限界。

1. 机车车辆限界

机车车辆限界是指机车车辆最外轮廓的限界尺寸。所有在线路上行驶的机车车辆停在平坡直线上时，沿车体所有部分都必须在此限界范围内，不得超越。

2. 基本建筑限界

基本建筑限界是指线路上各种建筑物和设备均不得侵入的轮廓线。它的用途是保证机车车辆的安全运行及建筑物和设备不受损害。

3. 隧道建筑限界

隧道建筑限界是指基本建筑限界外部的轮廓线，即要比基本建筑限界大一些，留出少许空间用于安装通信讯号、照明、电力等设备。

对于时速 120 km，新建和改建的蒸汽牵引及内燃牵引的单线和双线铁路隧道，采用“隧限 -1A”和“隧限 -1B”标准，现在由于新建和改建的蒸汽牵引及内燃牵引的隧道越来越少，因此这一类隧道建筑限界用得越来越少。新建和改建的电力牵引的单线和双线铁路隧道采用“隧限 -2A”和“隧限 -2B”标准。

4. 直线隧道净空

（1）常速铁路隧道。直线隧道净空要比隧道建筑限界稍大一些，除满足限界要求外，还要考虑避让等安全空间、救援通道及技术作用空间，以及在不同的围岩压力作用下衬砌结构的合理受力形状（拱部采用三心圆，边墙采用直墙式或曲墙式）及施工因素。

①安全空间（安全区）。这是为铁路内部员工和特殊情况下的养护人员预留的，包括靠衬砌侧安放施工设施（宽 0.3 m）或开关柜（长 1.3 m，宽 0.4 m）的空间。安全空间相对于危险区而言：行车速度大于 160 km/h，危险区为线路中线至边缘 3 m；小于 200 km/h，人员可在隧道内停留；大于 200 km/h，一般不准停留。

隧道安全空间应在距线路中线 3.0 m 以外，单线隧道设在电缆沟一侧，多线隧道必须设在两侧。安全空间的高度不应小于 2.2 m，宽度不应小于 0.8 m。安全空间的地面应不低于轨面规定高度，必须平整，允许有 3 ‰的横向排水坡。安全空间的地面与接触网设备的带电部件之间的距离不小于 3.95 m。

②救援通道。隧道内应设置贯通的救援通道，用于自救或外部救援。救援通道应设在安全空间一侧，距线路中线不应小于 2.3 m。救援通道走行面应不低于轨面高程。救援通道宽度不应小于 1.5 m，在装设专业设施处，宽度可减少 0.25 m，净高不应小于 2.2 m。

需要注意的是，救援通道可部分侵入建筑限界，因为救援通道可在列车停运时使用。

③工程技术作业空间。工程技术作业空间是用来安放施工辅助设施，作为预留设备安装或加强衬砌及安装降噪声护墙板的。其允许在有限的长度范围内设置一些设备，如接触导线张力调整器和接触导线开关及接头的紧回装置等。

工程技术作业空间在安全空间和救援通道之外，其宽度应为 0.3 m。不得用工程技术作业空间来满足隧道建设的施工误差。

（2）高速铁路隧道。高速铁路隧道与常速铁路隧道最大的区别就是当列车以高速通过高速铁路隧道时，产生的空气动力学效应对行车、旅客舒适度、列车相关性能和洞口环境的不利影响十分明显，因此隧道断面的确定必须考虑如何缓解和消减旅客列车进入隧道时引发的空气动力学效应的影响。隧道断面设计主要应考虑下列因素。

①隧道建筑限界。

②轨道数量和线间距。

③缓解空气动力学效应所需的空间。

④需预留的空间，如安全空间、避难和救援空间、养护维修及工程技术作业空间、其他使用要求所需的空间。

⑤设备安装空间等。

我国统一制定了 200 km/h、250 km/h、350 km/h 三种不同行车速度条件下的隧道衬砌内轮廓。200 km/h 的铁路隧道衬砌内轮廓有客货共线铁路单、双线隧道衬砌内轮廓和客货共线铁路兼双层集装箱运输的单、双线隧道衬砌内轮廓两类。

（二）曲线隧道净空加宽

1. 加宽原因

（1）车辆通过曲线时，转向架中心点沿线路运行，而车辆本身却不能随线路弯曲，仍保持矩形形状，故其两端向曲线外侧偏移（$d_{外}$），中间向曲线内侧偏移（$d_{内1}$）。

（2）由于曲线外轨超高，车辆向曲线内侧倾斜，使车辆限界上的控制点在水平方向上向内移动了一个距离。据此，曲线隧道净空的加宽值为：

$$\text{内侧加宽：} W_1=d_{\text{内}1}+d_{\text{内}2} \tag{2-1}$$

$$\text{外侧加宽：} W_2=d_{\text{外}} \tag{2-2}$$

$$\text{总加宽：} W=W_1+W_2=d_{\text{内}1}+d_{\text{内}2}+d_{\text{外}} \tag{2-3}$$

2. 加宽值的计算

双线曲线隧道的内侧加宽值 W_1 及外侧加宽值 W_2 与单线隧道加宽值的计算相同。内外侧线路中线间的加宽值 W_3 按以下情况计算。

当外侧线路的外轨超高大于内侧线路的外轨超高时：

$$W_3=\frac{8\,450}{R}+\frac{H}{150}\times\frac{E}{2}\text{（cm）} \tag{2-4}$$

式中：H—— 车辆外侧顶角距内轨顶面的高度，取 360 cm。

E—— 外侧线路的外轨超高值（cm）。

R—— 曲线半径（m）。

3. 曲线隧道中线与线路中线偏移距离

从以上计算可知，曲线隧道内外侧加宽值不同（内侧加宽大于外侧加宽），断面加宽后，隧道中线应向曲线内侧偏移一个 d 值。

双线隧道，内侧线路中线至隧道中线的距离：

$$d=200-\frac{1}{2}(W_1-W_2-W_3)\text{（cm）} \tag{2-5}$$

4. 速度 200 km/h 以上曲线隧道净空加宽

最高速度 200 km/h 的新建铁路单、双线隧道内净空面积采用 52 m^2 和 80 m^2 的断面形式也是经过优化比选的，既充分满足了空气动力学效应标准的要求，又完全满足建筑物接近限界及其他工程使用空间的需要，且留有富余量。考虑到最高速度 200 km/h 的新建铁路隧道线路采用的最小圆曲线半径为 2 200 m，推荐圆曲线半径为 3 500 ～ 6 000 m。

二、隧道衬砌断面的初步拟定

隧道的净空限界确定以后，就可以据此进行隧道衬砌断面的初步拟定。

初步拟定结构形状和尺寸可采取经验类比的方法。拟定衬砌结构尺寸需考虑两方面因素：一是选定净空形状，也就是选定结构的内轮廓；二是选定截面的厚度。

（一）内轮廓

衬砌的内轮廓必须符合前述的隧道建筑净空限界。结构的任何部位都不应侵入限界，同时又应尽量减小坑道的断面积，使土石开挖量和圬工砌筑量最少。因此，内轮廓线总是紧贴着限界的，但又不能随着限界曲折，应平顺圆滑，使结构受力合理。

（二）结构轴线

以混凝土为材料的隧道衬砌是一种受压结构，结构的轴线应尽可能符合荷载作用下的压力线。若两线重合，结构的各个截面都只承受单纯的压力且无拉力，当然最为理想，但事实上很难做到。一般总是使结构的轴线接近压力线，使大部分区域主要承受压力，部分区域断面承受很小的拉力，从而充分地利用混凝土材料的性能。

从理论和实践中可以得出：当衬砌承受径向分布的静水压力时，结构轴线以圆形最为合适；当衬砌主要承受竖向荷载和不大的水平荷载时，结构轴线上部宜采用圆弧形或尖拱形，下部可以做成直线形（直墙式）；当衬砌在承受竖向荷载的同时又承受较大的水平荷载时，衬砌结构的轴线上部宜采用圆弧形或平拱形，下部可采用凸向外方的圆弧形（曲墙式），如果还有底部压力，则结构底部应以凸向下方的仰拱为宜。

（三）截面厚度

衬砌各截面的厚度是结构轴线确定以后的重点设计内容，要求设计的截面厚度具有足够的强度。关于衬砌结构的设计计算方法将在后面的章节中予以详述。从施工角度出发，截面的厚度不应太薄，否则施工操作困难且质量不易保证。

高速铁路隧道的横断面较大，受力比较复杂，且列车运行速度较高，隧道维修有一定的时间限制，复合衬砌比喷锚衬砌安全，且永久性较好，所以隧道衬砌大多采用复合式衬砌。

考虑到大断面隧道的受力情况不利，尤以隧道底部为复杂，而两侧边墙底直角变化容易引起应力集中，故一般隧道会在边墙底加强衬砌厚度。研究与试验证明，边墙与仰拱若采用顺接则可改善受力状况，故隧道应采用曲墙式衬砌。

与普速铁路隧道相比，高速铁路隧道支护和衬砌的设计参数主要应体现以下几个特点。

（1）初期支护参数考虑支护结构耐久性因素，喷射混凝土的厚度按满足钢架保护层设计。同时，喷射混凝土中掺加合成纤维，既可减少回弹量，也可减少喷射混凝土硬化过程中的早期裂缝，有利于防水及耐久。

（2）双线隧道衬砌内轮廓均采用单心圆，更加有利于结构受力。

（3）突出加强基底和注重刚度变化的原则，针对以往隧道底部易发生病害的问题和高速列车运行的要求加强基底设计。Ⅲ～Ⅴ级围岩衬砌均采用仰拱结构，且仰拱厚度较拱墙大；Ⅱ级围岩隧道底板采用钢筋混凝土结构，部分地下水发育地段也采用仰拱结构。

（4）Ⅳ级、Ⅴ级围岩和Ⅲ级围岩偏压段二次衬砌均采用钢筋混凝土结构，主要考虑列车长期的振动作用，以及减少大跨混凝土结构的收缩裂缝，同时对软弱围岩大跨隧道增加衬砌的承载能力，以满足及时施作的要求。

第五节　道路隧道勘测设计文件的内容和组成

一、道路隧道勘测设计文件的内容

定测结束后应编写隧道勘测说明书，其内容如下。

（1）沿线隧道概况及自然概况。

（2）工程地质（包括地震烈度等资料）及水文地质情况。

（3）气象、环境和有关政策法令情况。

（4）施工条件（施工场地、工程设备、给排水、动力、施工道路、弃渣场、建筑材料来源，以及与附近建筑物或环境的关系等）。

（5）隧道方案（两个或两个以上）的比选情况和在设计中应注意的事项。

（6）对运营通风、运营照明和排水方式的选择建议。

（7）存在问题及解决办法，有关协议、纪要等。

（8）隧道线路方案平面图：比较方案（两条以上）应绘入图内，并附方案比较说明，以及采用方案的理由。

（9）隧道线路地质平面图：显示地质构造、岩层产状、不同地质的分界线、水文地质情况、地物、地貌等。图中应绘出推荐方案。

（10）隧道纵断面图：显示隧道全貌、埋置深度、地质（围岩类别、岩层产状、节理情况、不同地质分界线）和水文地质，以及线路条件。图上除注明里程、地面标高外，还应注明设计坡度、设计标高及线路曲线要素。绘制范围应包括两洞口以外与线路的接线点，图内还应显示钻孔、电探等位置。

（11）隧道洞口地形平面图：显示边坡开挖情况，选定洞口位置，确定明洞长度，布置排水、施工场地及防护工程设施等。一般洞口地形平面图的施测范围为洞口前后及两侧各宽 60 m 左右，若有不良地质现象，其施测范围应酌情加宽。

（12）洞口纵横断面图：显示洞口地形、地质（覆盖层厚度、岩层产状及岩石节理情况、不同地质分界线）和水文地质，以及仰坡开挖坡度等。隧道洞口、洞外接线横断面图应按路线横断面要求测绘。当隧道通过不良地质或地形、地质条件极为复杂地段时，需绘制洞身横断面图，用以选择衬砌类型及施工方法。

（13）辅助坑道及运营通风风道工程所需地形纵横断面图：当预计设置辅助坑道时，应进行测绘，以显示辅助坑道附近的地形、地质与正洞的关系、具体位置、场地布置、运营通风机房、通风道风向转换阀等设施的位置、运营照明设施的设置位置、安全设施的位置、公用隧管的进口（出口）位置、隧道管理所的位置等。

（14）明洞纵横断面图：用以确定明洞长度、结构类型、施工方法、边仰坡及防护处理等。当明洞受河岸冲刷或有不良地质现象时，施测范围应适当加宽，一般每 5 m 左右施测一个横断面。

二、隧道工点说明

对于长大隧道（2 000 m 以上）和地质复杂的隧道，还应分工点编写隧道工点说明书。主要内容如下。

（1）隧道位置的选定情况和选定洞口的意见。

（2）地形、地貌、植被情况及地质、水文地质简况。

（3）洞身、洞口的特殊问题，以及有关工程的处理措施和意见。

（4）场地布置、便道引入、弃渣处理及利用的情况和意见。

（5）辅助坑道和运营通风的选定和设置意见。

（6）施工设计的注意事项。

除上述资料外，对于长大隧道或复杂的隧道，应将工程地质及水文地质的调查结果附于说明书之后。

三、隧道的施工图设计

施工图设计是以上述资料为基础的。较长隧道的施工图设计一般应包括以下内容。

（1）隧道平面图：显示地质平面、隧道平面位置及路线里程和进出口位置等。设计 U 形回车场、错车道、爬坡车道时，应显示其位置和长度。

（2）隧道纵断面图：显示隧道地质概况、衬砌类型（有加宽或设 U 形回车场时，应显示加宽值及加宽段长度）、埋深、路面中心设计标高（有高路肩时显示路肩标高）、设计坡度、地面标高、里程桩等。

（3）隧道进口（出口）纵横断面图：显示设置洞门处的地形、地质情况、边仰坡开挖坡度及高度等。

（4）隧道进口（出口）平面图：显示洞门附近的地形、洞顶排水系统（有平导时，显示与平导的相互关系等）、洞门广场的减光设计等。

（5）隧道进口（出口）洞门图：显示洞门的构造、类型及具体尺寸，采用的建筑材料，施工注意事项，工程数量等。有遮光棚等构造物时，应显示其与洞身的连接关系及完整的遮光棚构造设计图。

（6）隧道衬砌设计图：显示衬砌的类型、构造和具体尺寸，采用的建筑材料，施工注意事项，工程数量等。回车场、错车道、爬坡车道应单独设计。

（7）辅助坑道的结构设计图。

（8）运营通风系统的结构设计图。

（9）运营照明系统的结构设计图。

（10）监控与管理系统的结构设计图。

（11）附属建筑物的结构设计图。

在整个施工图设计文件中应有隧道设计说明书，对隧道概况（路线、工程地质、水文地质、气象、环境等）、设计意图及原则、施工方法及注意事项等做概括说明。中小隧道的设计内容酌减。

第三章　路桥施工测量

第一节　概　述

任何工程建设都要经过勘测、设计、施工和竣工验收等几个阶段。勘测要进行地形测量工作，提供建筑场地的地形图或数字地图，以便在已有地形信息的基础上进行设计。施工测量贯穿整个施工过程，从场地平整、建立施工控制网、建（构）筑物轴线放样、基础施工，到建（构）筑物主体施工，以及构件与设备的安装等，都需要进行测量，使建（构）筑物各部分的尺寸、位置符合设计要求。有些工程竣工后，为了便于管理、维修和改扩建，还需要进行竣工图的编绘。对于某些高大或特殊的建筑物或构筑物，还需定期进行变形观测，以便积累资料，掌握其沉降和变形的规律，为今后建（构）筑物的设计、维护和安全使用提供依据。

施工测量的主要内容包括施工控制测量、施工放样、竣工测量及变形观测。

施工测量的基本任务是以地面控制点为基础，计算出各部分的特征点与控制点之间的距离、角度（或方位角）、高差等数据，按设计要求以一定的精度放样到地面上，作为施工的依据。应在施工过程中进行一系列测量工作，以衔接和指导各工序的施工。

一、施工测量的精度要求

施工测量的精度要求取决于建筑物或构筑物的大小、结构、用途和施工方法等因素。一般而言，测设施工控制网的精度高于测图施工控制网的精度。在施工过程中，测量控制点的使用非常频繁，而且控制点范围小、密度大，因此测量控制点应埋设在稳固、安全、醒目、便于使用和保存的地方。高层建筑物的测设精度高于低层建筑物，钢结构建筑物的测设精度高于其他结构的建筑物，装配式建筑物的测设精度高于非装配式建筑物，连续性自动设备厂房的测设精度高于独立厂房。此外，由于建筑物、构筑物的各部位对位置关系的精度要求较高，因此工程细部的放样精度要求往往高于整体放样精度。对于同一建筑物来说，主轴线的测设如果有些误差，那也只对整个建筑物的位置产生微小的偏移，但是主轴线确定以后，相对于主轴线的细部位置则要求较严。因此，测设细部位置的精度往往比测设主轴线的精度要高。这与测图工作是不一样的。

施工测量精度不够，会造成质量事故，但是精度要求过高也会导致人力、物力的浪费。因此，应选择合适的施工测量精度。

二、施工测量原则

由于施工现场各种建（构）筑物布置灵活，分布较广，且往往又不是同时开工兴建的，为了保证各个建筑物、构筑物的平面位置和高程都符合设计要求，有统一的精度并互相连成统一的整体，施工测量和测绘地形图一样，也要遵循“从整体到局部，先控制后细部”的原则，即先在施工现场建立统一的平面控制网和高程控制网，然后以此为基础，测设出各个建筑物和构筑物的位置。除遵循上述原则外，施工测量中的检校工作也很重要，必须采取各种方法，随时对外业工作和内业工作进行检校，以保证施工质量。

三、对测量技术人员的要求

快速、准确地施工放样是公路建设顺利进行的关键。一旦放样错误且施工完成后，补救措施很难实施，返工则会对工程建设造成经济、工期、社会效益方面的极大损失。因此，测量技术人员责任重大，必须具备以下素质。

（1）公路工程施工大多在野外进行，生活工作环境比城市艰苦，远离家人，风吹日晒，经常高空作业，所以测量人员首先要有一个强健的体魄，能吃苦，有敬业奉献精神。

（2）实事求是的职业道德。一切以仪器测得的数据为主，不编造数据，不说假话，尊重客观事实，树立自己的专业权威。

（3）高度的责任心。工作中要认真仔细，对每一个数据、每一个桩位都要检查复核，确保放样的准确性。测量工作中的各项计算均应由两组独立进行，确认无误后方可使用，引用的数据资料必须经过核对。

（4）具备测量专业知识和测量仪器、编程计算器、测量计算软件的熟练操作能力，能独立处理施工中遇到的测量问题。

（5）爱护测量仪器，经常对其进行保养和检查，确保仪器的工作性能。

（6）具备对路桥工程中的材料、试验检测、施工、计价、现场管理等基础知识，能够自如地应对工地的各种情况。

（7）自学能力。测量工作是一项技术性的工作，随着科技日新月异的发展，光、电、网络技术的逐步融合，测量仪器、测量方法都在不断发展。只有不断充实自己，才能满足时代的要求。

第二节　测量准备工作

一、测量记录与资料的准备

（一）测量记录与资料的基本要求

1. 资料必须备份

测量记录和资料要求有电子文档记录、文字版记录和人工记录共三种备份。这里特别强调的是人工记录不容忽视，不宜以电子文档记录代替人工记录。

2. 格式必须规范

不同工程测量对象要求的精度和格式是不同的。准备时一定要选择好相应的格式，如水平测量中的中平记录就不能用四等以上的等级水准测量记录替代。

（1）表头和表尾。记录的表头和表尾一定要填写齐全，一般来说至少要填写路线名称、路段名称、项目名称、观测仪器、观测地点、气象条件、观测人员、记录人员、计算人员、测量日期等项目。资料交接时，必须要办理交接手续，做到双方签字、手续齐全。

（2）记录内容。测量记录内容要齐全，为后续工作奠定基础。

3. 记录填写要求

为防止雨淋而使记录受到涂染，一般要求用铅笔填写记录。为分清责任，当记错时，只需对错误的地方进行标记。

（二）公路勘测常用记录准备

在外业勘测中常常因测设作业分工而产生大量的工作，因此要做好记录。这些记录既是内业设计的依据，又是长期保存的记录档案。随着计算机和现代测设仪器的普及，许多记录已用存储卡或计算机存储，但仍不能忽视人工野外记录工作。这不仅因为野外记录不能全部由计算机存储替代，更重要的是防止或尽量减少因仪器故障导致大量原始数据丢失现象的发生。

为防止因雨淋和潮湿等情况而使记录受到涂染，按规定，所有人工记录均应用铅笔填写。同时，为分清责任并对数据校对留有依据，所有人工记录一律不准用橡皮涂擦，划掉错误之处在其旁边重写正确数据即可。

一般而言，记录要有人工记录和电子文档记录双备份。公路常规野外测量是详细测量，一般由选线、测角、中线、水平、横断桥涵、地质、地形、调查等作业组以流水作业的方式完成路线的测量与调查。

1. 公路常规外业测量野外记录

公路常规外业测量野外记录内容如下。

（1）记录封面。

（2）野外选线记录。

（3）角度测量记录。

（4）路线固定测量记录。

（5）中线测量记录。

（6）水平测量记录。

（7）横断面测量记录。

（8）地形测量记录。

（9）河床纵横断面测量原始记录。

（10）小桥涵调查设计卡。

（11）新建小桥涵调查表。

2. 外业调查记录

外业调查记录内容如下。

（1）临时工程调查表。

（2）路线交叉调查表。

（3）占用土地野外调查表。

（4）供电贴费调查表。

（5）运输条件调查表。

（6）材料费用调查表。

（7）运价调查表。

（8）材料供应调查表。

（9）拆迁建筑物一览表。

（10）砍树挖根调查表。

（11）拆迁电力及电讯线调查表。

（三）测量资料准备工作

1. 收集资料

进行测量前，应广泛收集测区及其附近已有的控制测量资料和地形图资料。

控制测量资料包括成果表、点之记、展点图、路线图、计算说明和技术总结等。收集资料时要查明施测年代、作业单位、依据规范、平高系统、施测等级和成果的精度评定。

地形图资料包括测区范围内及周边地区各种比例尺的地形图和专业用图，收集时要查明地图的比例尺、施测年代、作业单位、依据规范、坐标系统、高程系统和成图质量等。如果和收集到的控制测量资料的坐标系统、高程系统不一致，则应收集、整理这些资料间的换算关系。

应了解测区的行政划分、社会治安、交通运输、物资供应、风俗习惯、气象和地质情况。例如：了解冻土深度，以考虑埋石深度；了解最大风力，以考虑觇标的结构；了解雾季、雨季和风季的起止时间，以及封冻和解冻的时间，以确定适宜的作业月份。

2. 现场踏勘

携带收集到的测区地形图、展点图、点之记等资料到现场踏勘。踏勘主要了解以下几个方面的内容：了解原有的三角点、导线点、水准点、GPS 点的位置；了解觇标、标石和标志的现状，以及造标埋石的质量，以便了解有无利用价值；了解原有地形图是否与现有地物、地貌相一致，踏勘是否有增加的建筑物等，为控制网图形设计做准备；了解测区内的交通现状，以便确定合理的高程测量方案。测量时应选择适当的交通工具，现场踏勘应做好记录，并编写踏勘报告。

3. 技术设计

技术设计应根据工程建设项目的规范和对施工测量精度的要求，结合测区自然地理条件的特征，选择最佳布网方案和观测方案，保证在规定期限内完成生产任务。

（1）技术设计的主要内容。技术设计的主要内容包括任务概述、测区概况、资料分析、平面控制和内业计算五个方面。

①任务概述：说明工程建设项目的名称、工程规模、来源、用途、测区范围、地理位置、行政隶属、任务的内容和特点、工作量及采用的技术依据。

②测区概况：说明测区的地理特征、居民地、交通、气候等情况，并划分测区困难类别。

③资料分析：说明已有资料的作业单位、施测年代、采用的技术依据和选用的基准。分析已有资料的质量情况，并做出评价，指出利用的可能性。

④平面控制：说明控制网采用的平面基准、等级划分，以及各网点或导线点的点号、位置、图形、点的密度、已知点的利用与联测方案；初步

确定的觇标高度与类型、标石的类型与埋设要求；确定观测方法及使用的仪器。

⑤内业计算：外业成果资料的分析和评价、选定的起算数据及其评价、选用的计算数学模型、计算与检校的方法及精度要求、成果资料的要求等。

（2）控制测量技术设计过程。①已有网成果精度分析，必要时实测部分角度和边长，掌握起算数据的精度情况。②确定控制网的类型。根据控制网的用途、工程规模、类型及建筑布置、精度要求来确定控制网的等级。根据测区地形、起算点情况及使用的仪器设备来确定控制网的类型。平面控制可采用三角测量、边角组合测量、导线测量和 GPS 测量。高程控制可采用水准测量和三角高程测量，布设成闭合环线。③控制网图形设计要求。根据工程设计意图及其对控制网的精度要求，拟定合理的布网方案，利用测区地形、地物的特点在图上设计出一个图形结构强的网。④三角网（或边角网）精度。应选择图形结构好、边长适中、传距角大于 20° 的三角网。选择时注意制高点要居高临下，如可选在山尖上或高建筑物上，视野开阔，便于加密。视线高出或旁离障碍物 1.5 m。为了安全，点位要离开公路、铁路、高压线等危险源，能埋建牢固的测量标志，且能长期保存。充分利用测区内原有的旧点，以节省开支。

（3）控制网图形设计步骤。控制网图形设计一般分为五个步骤：第一，利用工程整体平面布置图，展绘已有的控制测量网点；第二，按照“保证精度，方便施工和测量”的原则布设施工控制测量网点；第三，判断和检查点间通视情况；第四，估算控制网的精度；第五，拟定三角高程起算点及水准联测路线。

（4）控制网优化设计方法。控制网优化设计应先提出多种布网方案，如测角网、测边网、导线网、边角组合网等，明确测哪些边、哪些角等。然后根据网形和各点近似坐标，利用计算程序进行精度估算，选出点位中误差最小，相对点位中误差在重要方向上的分量最小，且观测工作量最小的方案。

（5）控制网设计说明编写。根据对测区情况的调查和图上设计的结果写出文字说明，整理各种数据、图表，并拟定作业计划，上报有关部门审核。

4. 检校仪器

按规范要求在控制测量作业前对准备使用的仪器和配套的器具进行检定和校准。

5. 埋建标志

（1）选点

选点是指把图上设计的点位落实到实地，并根据具体情况进行修改。边角网点应选在通视良好、交通方便、地基稳定且能长期保存的地方。视线要避开障碍物。对于能够长期保存、离施工区较远的点要考虑图形结构和便于加密。直接用于施工放样的控制点要便于放样。

GPS 网的选点不要求相连的边都通视，但为了在使用常规仪器测量时能够后视和检核，每点至少有两个点与它通视。同时要求地势开阔，能够接收到足够强的卫星信号。

（2）建标

①施工测量的首级控制点和要长期保存的各级控制点应埋设具有强制归心装置的混凝土标墩或网架标墩，其他平面控制点可埋设地面标石或地面标志。②混凝土标墩埋标过程：实地标定点位，挖基坑及浇筑标墩基础平台，立模板、树钢筋、浇混凝土、固定不锈钢标盘，外观整饰编号，加保护装置。③钢架标墩埋设过程：实地标定点位，挖基坑及浇筑坑底水平层，树立加工好的钢架标，浇筑混凝土，刷防锈漆，加保护装置。④埋设地面标石是指将灌制好的嵌有金属中心标志的标石浇筑埋设于地面，其过程是：挖基坑，坑底要整平夯实，再填砂石捣固，浇底层混凝土树标石并浇筑混凝土。在基岩层上或坚硬的混凝土路面上可以直接钻孔，将刻有中心标志的胀锚螺栓打入孔内。⑤标墩埋好后要稳定至少 15 天才能开始观测。

二、测量仪器和工具的准备与检校

（一）测量仪器和工具准备

路线勘测由选线、测角、中线、水平、横断、地形、桥涵、地质、调查、综查十个作业组分别组成的外业勘测设计队，以流水作业的方式完成路线勘测任务。

（二）测量仪器使用前的检查

测量前的准备工作中重要的一环是每次出工前务必检查和检校仪器。检查和检校的关注点是不同的：检查关注仪器各部件和连接件是否正常及有无破损和变形而影响使用；检校关注常用测量仪器上的各种轴线，这些轴线应满足一些相互垂直和平行的几何条件，仪器制造时考虑这些轴线有可能受到振动等影响而发生位置的改变，因此设置了一些专门的调节部件来调整这些轴线，使其满足应有的几何条件，方可使用。在实际工作中，用来检查轴线几何条件是否满足的操作叫作“检验”，调整并使其满足几何条件的过程叫作“校正”。

（1）仪器三脚架检查。水准仪、经纬仪和全站仪都配有三脚架，使用前必须检查好。检查项目包括三脚架的升降固定螺丝是否正常，架腿升降是否正常，架腿有无变形、裂缝等损坏，底部的入土铁脚是否牢固，架头与架腿连接是否牢固，连接螺丝有无松动等。

（2）中心固定螺旋检查。水准仪、经纬仪和全站仪都通过基座将三脚架和仪器头连接，并有中心固定螺旋和连接环，在使用前应检查固定螺旋和连接环是否正常。

（3）基座和角螺旋检查。角螺旋一般都是设置在基座上，使得仪器在平时能够灵活升降，使用前应检查其是否能够灵活升降，并将其置于适中位置（即升降幅度大小的中间位置）。如果发紧就要进行必要的维修，并上机油润滑。

（4）制动微动螺旋检查。仪器上设有使仪器水平方向或竖直方向旋转后固定的制动螺旋。精确瞄准的微动螺旋，使用规则是在制动的基础上进行微动，检查制动和微动配合联动是否正常。

（5）物镜和目镜对光检查。物镜和目镜对光采用对光螺旋，应检查其是否正常并注意有无视差。视差是指仪器照准目标时，目标的成像未成在十字丝分划板上，看到的十字丝和物体在前后两个面上的现象。

（6）检查配套工具。测量工作需要配套使用相关仪器和工具，要检查测量仪器的配套工具种类是否齐全，数量是否足够。例如，测角必须配套花杆至少 2 根，量距必须配套花杆至少 5 根和测钎 1 ～ 2 束，定点使用木桩每千米至少用到 30 个。桩上标点使用小钉，打桩使用小锤，水准测量使用配套水准尺等。这些器具一旦缺少，就会带来许多麻烦，甚至使工作受阻。还要特别指出，这里所谈的仪器在使用前的检查和维护与后面将要叙述的测量仪器的检验和校正是完全不同的两个概念。

（三）测量仪器的检验与校正

1. 水准仪的检验与校正

水准仪上一般有各种轴线，如竖轴、水准管轴、视准轴、圆水准器等。这些轴线的位置用来标示仪器处于某种状态，一般应满足相互平行或垂直的条件。在仪器制造时设置了一些可调整的螺丝，可以微量调整各种轴线之几何关系。前轴线之间必须满足一些几何关系条件，有些关系因仪器长时间使用或振动等原因而发生变位。使用时用来检查轴线几何条件是否满足的操作叫作“检验”，调整并使其满足几何条件的过程叫作“校正”。对于微倾水准仪，一般应满足两两平行（圆水准器轴与竖轴平行及水准管轴与视准轴平行）、一水平（十字丝横丝水平）和交叉误差等于零的几何条件。

2. 经纬仪的检验与校正

在使用经纬仪时，整平的目的是使度盘水平，而度盘是否水平用肉眼是看不出来的。因此，仪器上安装了用于判别度盘是否水平的装置 —— 水准管。用水准管来判别度盘是否水平，必须使水准管轴与度盘平面平行。而度盘平面与竖轴在仪器制造时又是相互垂直的，因此要使度盘水平，也就要使竖轴竖直。换句话说，用水准管来判别度盘是否水平的前提条件是水准管轴必须平行于度盘平面，即水准管轴垂直于竖轴。

第三节 施工测量的基本方法

一、施工测量的基本工作

施工测量的基本工作是正确地将工程设计图上各种待建的建（构）筑物的位置（平面及高程）在实地标定出来，以便施工。水平角度、水平距离和高程是构成位置的基本要素。因此，在施工测量中，水平角度、水平距离和高程是测设的基本工作。

（一）水平角的测设方法

测设已知水平角是根据水平角的已知数据和一个已知方向进行的，该角的另一个方向测设在地面上。

1. 一般方法

当测设水平角的精度要求不高时，可用盘左盘右分中法进行，如图 3-1 所示。OA 为地面上已知方向，要从 OA 向右测设已知水平角 β 值。在 O 点设置经纬仪，用盘左瞄准 A 点，读取度盘读数；松开水平制动螺旋，旋转照准部，使读盘读数增加 β 角值，在此视线方向上定出 B' 点。为了消除仪器误差的影响，再重复上述步骤，测设 β 角得 B'' 点，取 $B'B''$ 的中点 B，则 $\angle AOB$ 就是要测设的 β 角。

2. 精确方法

当测设水平角精度要求较高时，可采用归化法角度放样，以提高测设的精度。如图 3-2 所示，要想精确测设 β 角，则按上述一般方法定出 $\angle AOB'$ 之后，再用经纬仪按测回法测若干测回，测出 $\angle AOB'$ 的角值 β'，β' 与给定的 β 值之差为 $\Delta\beta$，再量出 OB' 的距离，并过 B' 作 OB' 的垂线，在垂线上量取 $B'B$ 得 B 点，则 $\angle AOB$ 即为精确测设的 β 角。其中，$B'B$ 按下式计算：

$$B'B = OB' \times \tan(\beta - \beta') \tag{3-1}$$

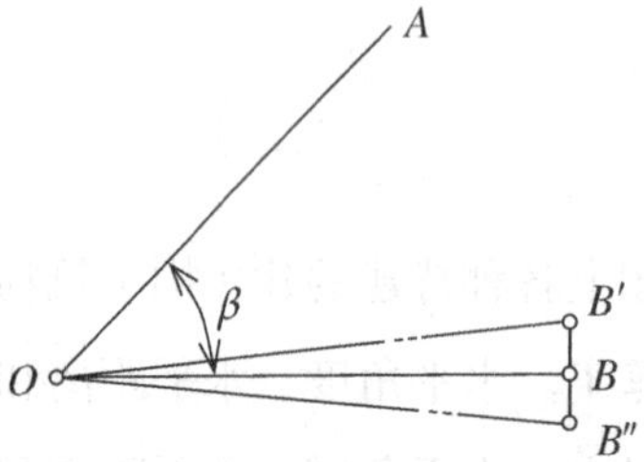

图 3-1　一般方法测设已知角度

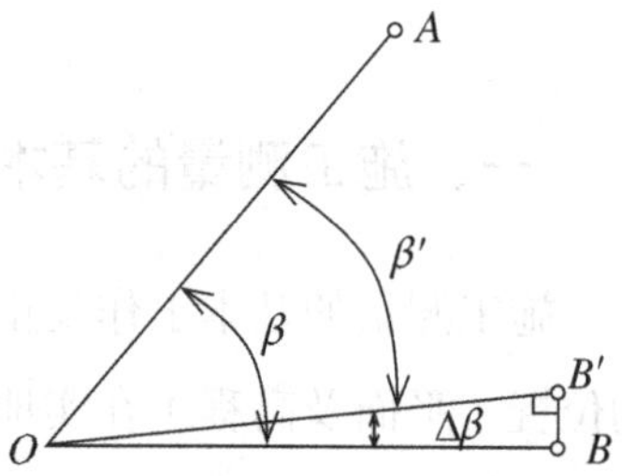

图 3-2　精确方法测设已知角度

在改正时应注意方向：当 $\Delta\beta > 0$ 时，从 B' 点沿垂线方向向角外侧量取 $B'B$ 定出点 B，反之则向内侧改正。为检查测设是否正确，还需进行检查测量。

（二）水平距离的测设方法

从一个已知点开始沿已定的方向，按拟定的直线水平长度确定待定点的位置，称为水平距离的测设。

1. 一般方法

如图 3-3 所示，较平坦的地面上有已知点 A 及已知方向 AB，设计沿 AB 方向测设平距 $AP=D$，实地测设 P 点的过程如下。

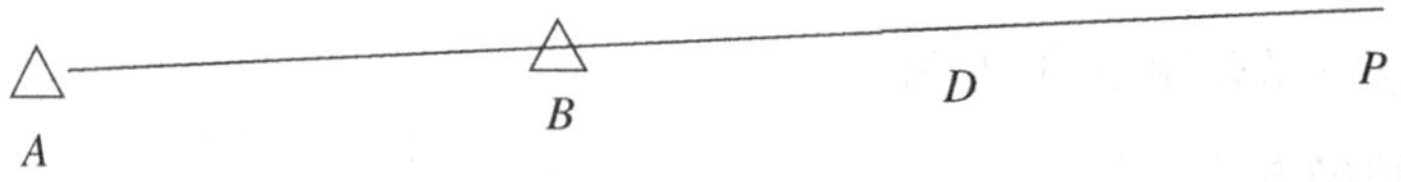

图 3-3　水平距离的测设

（1）在实地以钢尺长度 D 沿 AB 方向定 P 点。用钢尺的零点对准 A 点，拉紧钢尺（100 N 左右），在长度 D 处的地面上定出 P 点位置。

（2）检验丈量，即用钢尺再丈量或返测 AP 的长度，检验放样点位的正确性。若复测或往返测测量较差在限差之内，应取平均值作为最后结果；若丈量结果不符合拟定的 D 值，应调整 P 点。

2. 精确方法

当地面坡度较大或测设精度要求较高时，可用钢尺量距的精确方法测设，也可用光电测距仪（或全站仪）跟踪放样。

钢尺精密距离测设依据钢尺精密量距的原理。已知设计上的平距 D，按钢尺精密量距原理，D 满足下式：

$$D=S+\Delta D_K+\Delta D_t+\Delta D_h \tag{3-2}$$

式中：S—— 钢尺丈量的长度。

ΔD_K—— 尺长改正数。

ΔD_t—— 钢尺温度改正数。

ΔD_h—— 倾斜改正。

根据式（3-2），要使放样的最终结果满足 D 的要求，则精密丈量的实际长度 S 为：

$$S=D-\Delta D_K-\Delta D_t-\Delta D_h \tag{3-3}$$

二、施工控制测量

为了保证施工测量的精度和速度，使各个建筑物、构筑物的平面位置和高程都能符合设计要求，施工测量和测绘地形图一样，也应遵循“从整体到局部，先控制后碎部”的原则，即在施工现场先建立统一的施工控制网，作为建筑物定位放线的依据。为建立施工控制网而进行的测量工作，称为施工控制测量。

施工控制网分为平面控制网和高程控制网。常用的平面控制网有建筑基线和建筑方格网。高程控制网则需根据场地大小和工程要求分级建立，常采用水准网。

（一）建筑基线

建筑基线是建筑场地的施工控制基准线，即在建筑场地布置一条或几条轴线。它适用于建筑设计总平面图布置比较简单的小型建筑场地。

1. 建筑基线的布设形式

建筑基线的布设形式，应根据建筑物的分布、施工场地地形等因素来确定。常用的布设形式有“一”字形、“L”形、“十”字形和“T”形。

2. 建筑基线的布设要求

（1）建筑基线应尽可能靠近拟建的主要建筑物，并与其主要轴线平行或垂直，以便使用比较简单的直角坐标法进行建筑物的定位。

（2）建筑基线上的基线点应不少于三个，以便相互检核，且应相互通视，边长为 100 ～ 400 m。

（3）建筑基线的测设精度应满足施工放样的要求。

（4）基线点位应选在通视良好和不易被破坏的地方，为能长期保存，要埋设永久性的混凝土桩。

（二）施工场地的高程控制测量

1. 施工场地高程控制网的建立

施工场地的高程控制测量一般采用水准测量方法，根据施工场地附近的国家或城市已知水准点测定施工场地水准点的高程。在施工场地上，水准点的密度应尽可能满足安置一次仪器即可测设的所需高程。为了便于检核和提高测量精度，施工场地高程控制网应布设成闭合路线。

2. 基本水准点

基本水准点应布设在土质坚实、不受施工影响、无震动和便于实测的场地上，并埋设永久性标志。一般情况下，按四等水准测量的方法测定其高程，而对于连续性生产场地或地下管道测设所建立的基本水准点，则需按三等水准测量的方法测定其高程。

3. 施工水准点

施工水准点是用来直接测设建筑物高程的。为了测设方便和减少误差，施工水准点应靠近建筑物。±0 水准点一般选在稳定的建筑物墙、柱的侧面，用红漆绘成顶部为水平线的“▼”形，其顶端标示 ±0 水准点的位置。

第四节 点的平面位置的测设

测设点的平面位置，常用方法有直角坐标法、极坐标法、角度交会法和距离交会法等。具体采用何种方法，应在施工过程中根据平面控制点的分布、地形情况、施工控制网布设形式、现场条件、所用仪器等因素来确定。

一、直角坐标法

当施工场地有相互垂直的建筑基线或方格网，且量距比较方便时，多采用直角坐标法。

如图 3-4 所示，*A*、*B*、*C*、*D* 为矩形施工控制网中的平面控制点，它们的方向与建筑物相应两轴线平行，现需测设建筑物角点 1、2、3、4。

测设步骤如下。

（1）计算测设数据，$\Delta y_{A1}=y_A$，$\Delta y_{A2}=y_2-y_A$，$\Delta x_{A1}=x_1-x_A$，$\Delta x_{A4}=x_4-x_A$。

（2）安置经纬仪于 *A* 点，瞄准 *B*，测设水平距离，定出 *M* 点、*N* 点。

（3）安置经纬仪于 *M* 点，瞄准 *B*，左拨 90°，由 *M* 点沿视线方向测设，定出 1 点和 4 点。

（4）安置经纬仪于 *N* 点，瞄准 *B*，同法定出 2 点和 3 点。

完成上述步骤后检查建筑物各角是否等于 90°，各边的实测长度与设计长度之差是否在允许范围内。直角坐标法只需量距和设置角度，计算简单且工作方便，因此是被广泛使用的一种方法。

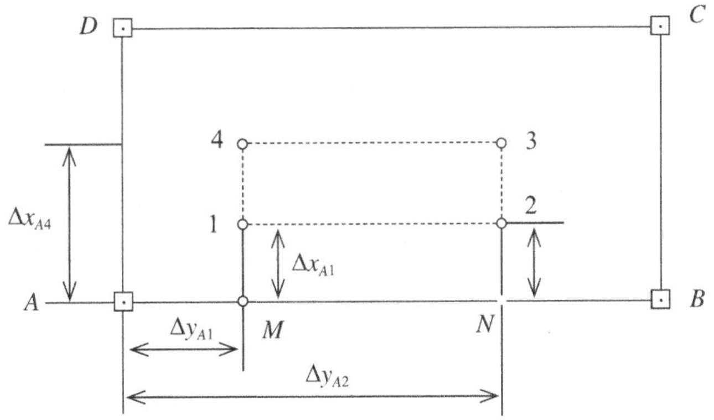

图 3-4 直角坐标法

二、极坐标法

极坐标法是指根据一个角度和一段距离来测设点的平面位置。在已知控制点位置与建筑物角点较近且便于量距的情况下，宜采用极坐标法放样点位。近年来，由于测距仪和全站仪的发展和普遍使用，该方法在施工放样中应用得十分普遍，且工作效率和精度都较高。

A、B 为已有控制点，坐标分别为（x_A，y_A）和（x_B，y_B），P 为待定点，其设计坐标为 P（x_P，y_P），用极坐标法测设 P 点的具体步骤如下。

（1）根据坐标反算公式得：

$$\alpha_{AB}=\arctan\frac{y_B-y_A}{x_B-x_A},\quad \alpha_{AP}=\arctan\frac{y_P-y_A}{x_P-x_A} \tag{3-4}$$

（2）计算 AB 与 AP 的夹角及与 AP 的水平距离：

$$\begin{cases} D_{AP}=\sqrt{(x_P-x_A)+(y_P-y_A)^2} \\ \beta=\alpha_{AP}-\alpha_{AB} \end{cases} \tag{3-5}$$

测设水平距离 D_{AP}，即得到 P 点的平面位置。

三、全站仪坐标放样法

全站仪坐标放样法的本质是极坐标法，它适用于各类地形情况，而且测设精度高、操作简便，在施工放样中受天气和地形条件的影响较小，在生产实践中已被广泛采用。

放样前，将全站仪置于放样模式，输入测站点坐标、后视点坐标（或方位角），再输入放样点坐标。准备工作完成之后，一人持反光棱镜立在待测设点附近，一人用望远镜照准棱镜，按坐标放样功能键，则可立即显示当前棱镜位置与放样点位置的坐标差。根据坐标差值移动棱镜位置，直至坐标差值为零。这时，棱镜所对应的位置就是放样点位置。然后，在地面上做出标志。

第五节　路线中线施工放样

一、概述

路线中线施工放样就是指利用测量仪器和设备，按设计图纸中的各项元素（如公路平纵横元素）和控制点坐标（或路线控制桩），将公路的“中心线”准确无误地标定于实地以指导施工作业，习惯上称为“中线放样”。

路线中线施工放样是保证施工质量的一个重要环节。这是一项严肃认真、精确细致的工作，稍有不慎就可能发生错误。一旦发生错误且未能及时发现，就会影响下一步工作，从而影响工作进度，甚至造成损失。因此，要严格按照有关规范、规程的要求，对测量数据认真复核检查，不合格的一定要返工重测，要一丝不苟，有“质量重于泰山”的意识。为确保施工测量质量，在施工前必须对导线控制点和路线控制桩进行复测，在施工过程中要定期检查。放样时应尽量使用精良的测量设备，采用先进的测设方法。

路线中线施工放样又称为“恢复中线”。一般有两种方法：①用沿线导线控制点放样；②用路线控制桩（交点、直圆、圆直等点）放样。

用导线控制点放样中线，放样精度能得到充分保证。在测量技术飞速发展的今天，测距仪的使用越来越普遍。现在，几乎所有的施工单位都有测距仪或全站仪，因而这种方法得到了广泛应用，成为恢复中线的主要手段。《公路路基施工技术规范》（JTG/T 3610—2019）规定，对高速公路、一级公路，应用坐标法恢复路线主要控制桩。在实际应用中，二级以上的公路勘察设计均沿路线建有导线控制点作为首级控制，故可采用导线控制点放样中线。

用路线控制桩来恢复中线有两种情况：一种情况是公路两旁没有布设导线控制点，公路中线都是用交点桩号、曲线元素（转角、半径、缓和曲线长）标定的，施工单位只能根据路线控制桩来恢复中线，这种情况在修建低等级公路时是常见的；另外一种情况是施工单位没有测距仪，无法利用控制点，只能利用路线控制桩恢复中线，但这种方法常用于低等级公路。

（一）施工放样测量的精度

施工放样测量的精度取决于公路等级和设计要求，以及施工控制测量的精度。测量时应从工程的设计和施工的精度需要出发，确定与之相匹配的测量技术及相应的精度等级，确定满足精度要求的测量方案，使放样测量的结果满足施工的需要。

（二）施工放样测量的基本要求

（1）熟悉设计图纸和施工现场。设计图纸主要有路线平面图、纵横断面图、桥涵、构造物图及附属工程图等。要求熟悉设计图纸，充分领会设计图纸的设计思路和意图，核对图纸的主要尺寸、位置、标高有无错误。在明确设计意图及测量精度要求的范围内，应勘察施工现场，找出各交点桩、转点桩、里程桩和水准点的位置，并实测校核，为施工测量做好充分准备。应了解工程施工组织计划，协调测量与施工进度的关系，合理安排施工放样测量工作。

（2）加强测量标志的管理与保护，注意受损测量标志的恢复。

二、控制点复测

控制点复测是施工测量前必不可少的准备工作，它包括导线控制点和路线控制桩的复测。路线勘测设计完成以后，往往要经过一段时间才能施工。在这段时间内，对于导线控制点或路线控制桩是否移位、精度如何，需进行复测。另外，由于人为或其他原因，导线控制点或路线控制桩丢失或者遭到破坏，要进行补测；有的导线点在路基范围以内，需将其移至路基范围以外。只有当这一切都完成且无误，才能进行施工放样工作。

（一）导线控制点的复测、补测和移位

用导线控制点恢复公路中线，适用于高等级公路。在实际应用中，二级以上的公路均沿路线建有导线控制点，故可采用控制点放样，即用坐标法恢复公路中线。在恢复中线之前，首先要对导线控制点进行复测、补测和移位，

以保证控制点的精度。

1. 导线控制点的复测

导线控制点的复测主要是检查其坐标和高程是否正确。

在一般情况下，公路两旁布设导线点，其坐标和高程均在同一点上。因此，在复测坐标的同时可利用三角高程测量的方法检测高程。

水准点间距不宜大于 1 km。在人工构造物附近、高填深挖地段、工程量集中及地形复杂地段宜增设临时水准点。临时水准点必须符合精度要求，并与相邻路段水准点闭合。

值得注意的是，有的施工单位在复测导线点时只检查本标段的点，而忽视了对前后相邻标段点的检查，这样就有可能在标段衔接处出现路中线错位或断高。在实际工作中应引起重视，防止这种问题发生。在复测导线时，必须和相邻标段的导线闭合。

2. 导线控制点的补测与移位

人为或其他的原因，可造成导线控制点丢失或遭到破坏。如果是间断性丢失，则可利用前方交会、支点等方法补测该点或采用任意测站方法补测导线点。补测的导线点原则上应在原导线点附近。如果连续丢失数点，则要用导线测量的方法补测。若将路基范围内的导线点移至路基范围以外，可根据移点的多少分别采用交会法或导线测量的方法，并用“骑马桩”加以保护。导线点的高程用水准测量或三角高程测量测定。

应特别强调的是，在补点时应尽量将点位选在路线一侧地势较高处，以避免路基填土达到一定高度时影响导线点之间的通视。

施工期间应定期（一般为半年）对导线控制点（特别是水准点）进行复测。季节冻融地区在冻融以后也要进行复测。发现导线控制点丢失应及时补上，并做好对导线控制点（特别是原始点）的保护工作。

（二）路线控制桩的恢复与固定

对于低等级公路或沿线没有布设导线控制点的公路，只能采用路线控制桩来恢复公路中线（路线控制桩主要是交点桩、转点桩和路线的起讫桩）。

因此，首先要对路线控制桩进行恢复与固定。

1. 路线控制桩的恢复与复测

当原勘测设计时所钉的交点桩或转点桩基本完好，只有个别点丢失时，恢复中线的测量工作就比较简单，可用角度交会法将丢失或破坏的路线控制桩恢复出来，并检测精度。

当原勘测设计时所钉的交点桩或转点桩大部分丢失时，要想恢复到原来的位置是比较困难的，一般只能恢复到与原来位置比较接近处。恢复时，根据原勘测设计的直线、曲线及转角一览表，用放样已知水平角和已知长度直线的方法，放出丢失的交点桩。

路线控制桩的复测主要是检查其平面位置是否正确。一般有两种情况：一是路线控制桩本来就是由导线控制点（如果沿线建有导线控制制点）坐标放样的，可根据放样的原始资料，按导线控制点复测的方法进行检查；二是路线两旁没有布设导线点，或者施工单位没有测距仪，路线控制桩的复测在直线路段用普通钢尺量距来复测，在曲线路段可按常规的偏角法来复测。

2. 路线控制桩的固定

在施工过程中，随着路基施工高度的不断变化，有些交点桩或转点桩会被掩埋或挖掉，因此需要对其进行固定，以便在施工时能随时利用它们来恢复或检查公路中线。固定后，应做好记录、绘制草图，以供随时恢复查询。

第六节　道路施工测量

道路施工测量（放样）通常是测量的逆过程，是在道路施工场地上准确实现设计意图的第一步。各种技术标准、规范和工程设计图样是道路工程施工放样的依据。本节主要介绍道路施工测量的基本方法、点的平面位置的测设、道路路线施工测量的基本知识。

一、道路施工测量的任务

施工测量常常被称为“施工放样”。公路工程施工放样的主要任务是利用测量技术，将设计图样上的工程构造物的平面位置和高程在实地标定出来，作为施工的依据，或在施工过程中检测工程构造物的几何尺寸，以实现从设计图样到工程实物的质和量的转变。

在交通土建工程中，工程构造物主要指路基、路面、桥涵、隧道及其附属构造物和排水构造物。在路基施工前，通过测量放样确定路线中线桩、公路用地界桩、路堑坡顶、路堤坡脚、边沟等构造物的施工位置；在桥涵施工前，通过测量放样确定基坑开挖、墩台建造的施工位置；在隧道施工前，利用控制测量结果对隧道定向定位等。这些都是通过测量放样实现的。在施工过程中，通过测量放样对工程构造物外形几何尺寸进行控制和检测，及时修正偏差，以准确体现设计意图；在工程竣工后，通过测量对工程进行质量检查和验收。显然，精确地测量放样能准确控制施工质量和降低工程成本。因此，施工放样是工程施工过程中的重要一环，它贯穿工程施工的全过程。

公路工程施工放样的依据是《公路工程技术标准》、《公路路基施工技术规范》、各种构造物的施工技术规范和规程，以及工程设计图样。测量放样工作应遵循“从整体到局部”的原则，先进行控制测量，再进行细部放样测量。通过控制测量，建立平面控制点和高程控制点与工程构造物特征点之间的平面位置和高程的几何联系。以平面控制点的坐标和高程控制点的高程为依据，利用传统测量仪器进行距离、高程和角度的测量放样，或者利用全站仪或GPS进行三维坐标放样来确定工程构造物特征点在实地的空间位置。在放样过程中，工程设计图样是图解控制点和工程构造物特征点之间几何关系的依据，现行的施工技术规范、规程及测量规范是核查放样结果精度的依据。只有利用精度符合标准的几何数据，才能精确地测定工程构造物特征点的准确位置，以指导施工。

二、道路路线施工测量

公路路线施工测量的主要内容包括路线中线的恢复和路基边桩的测设。

（一）路线中线的恢复

从路线勘测到开始施工的这段时间，往往会有一些中桩丢失，所以在施工之前，应根据设计文件进行中线的恢复工作，并对原来的中线进行复核，以保证路线中线的位置准确可靠。恢复中线采用的方法与前文介绍的中线测量方法相同，此处不再重复。

（二）路基边桩的测设

路基边桩的测设就是在地面上将每一个横断面的路基边坡线与地面的交界点用木桩标定出来。边桩的位置由两侧边桩至中桩的距离确定。常用的边桩测设方法有图解法和解析法。

1. 图解法

图解法是直接在横断面图上量取中桩至边桩的距离，然后在实地用皮尺沿横断面方向测量其位置的方法。当填挖方不大时，采用此法较简便。

2. 解析法

解析法是通过计算求解路基边桩至中桩的平距的方法。

对于填方路基，如图 3-5 所示，路堤边桩与中桩的距离为：

$$D=\frac{B}{2}+mh \tag{3-6}$$

对于挖方路基，如图 3-6 所示，路堑边桩至中桩的距离为：

$$D=\frac{B}{2}+S+mh \tag{3-7}$$

以上两式中，B 为路基设计宽度，$1:m$ 为路基边坡坡度，h 为填方高度或挖方深度，S 为路堑边沟顶宽。

以上是断面位于直线段时求解 D 值的方法。若断面曲线上有加宽，再用上述方法求解。

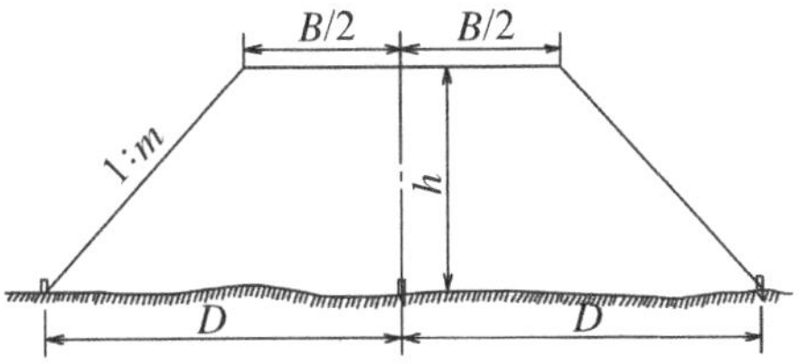

图 3-5　路堤边桩测设

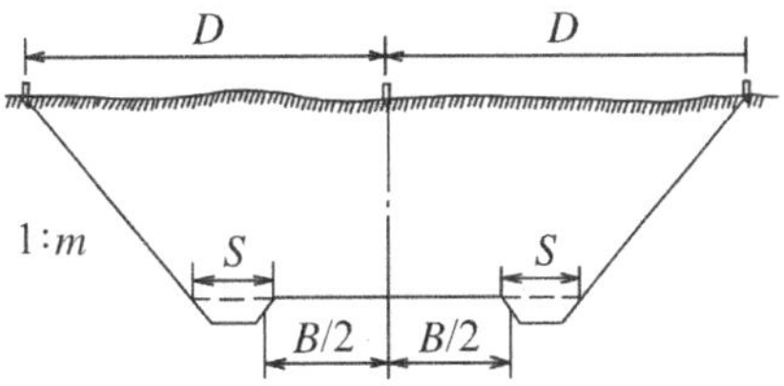

图 3-6　路堑边桩测设

第四章　道路与桥梁工程的施工及管理技术

第一节　建设项目管理

一、建设项目及其分类

（一）项目及其特征

1. 项目

对于项目，国际上尚未形成一个统一、权威的定义。以下仅介绍几种较具代表性的观点。

（1）美国项目管理学会的观点。美国项目管理学会认为，项目是用来创造唯一的产品、服务和结果的一项临时性任务。这里的临时性是指每一个项目都具有一个明确的起点和一个明确的终点，唯一是指任何一个项目的产品、服务和结果总会在某些方面与其他项目的产品、服务和结果不同。

（2）世界银行有关著作的观点。世界银行对项目的观点可以归纳为以下几点。

①项目是一次性的投资方案或执行方案。

②项目是一个系统的有机整体。

③项目有明确的起点和终点。

④项目有明确的目标。

综上所述，有关项目定义的表述形式虽有所不同，但其本质内容基本相同，区别仅在于对具体特征的认识。这里给出项目的定义如下。

项目是指在一定的约束条件下（主要限定时间、限定资源），具有明确目标的一次性任务。项目包括许多内容：可以是建设一项工程，如建造一栋大楼、一个饭店、一座工厂、一座电站、一条铁路、一条公路，也可以是完成某项科研课题、开发一个计算机软件或研制一套设备，甚至是撰写一篇论文。这些都是一个项目，都有一定的时间、质量要求，也都是一次性任务。

2. 项目的特征

项目作为被管理的对象，具有以下主要特征。

（1）项目的单件性或一次性。单件性或一次性是项目的最主要特征。所谓单件性或一次性，是指就任务本身和最终成果而言，没有与这项任务完全相同的另一项任务。例如，建设一项工程或开发一种新产品，既不同于其他工业产品的批量性，也不同于其他生产过程的重复性。再如，制定一项新的管理办法，也不同于其他管理，如企业财务管理的重复性和经常性等。只有认识项目的一次性，才能有针对性地根据项目的特殊情况和要求进行科学、有效的管理。

（2）项目具有一定的约束条件。凡是项目都有一定的约束条件，项目只有满足约束条件才能获得成功。因此，约束条件是项目目标完成的前提。在一般情况下，项目的约束条件为限定的质量、限定的时间和限定的投资，通常称这三个约束条件为项目的三大目标。对于一个项目而言，这些目标应是具体的、可检查的，实现目标的措施也应是明确的、可操作的。因此，合理、科学地确定项目的约束条件，对保证项目的完成十分重要。

（3）项目具有生命期。项目的单件性和项目过程的一次性决定了每个项目都具有生命期。任何项目都有产生时间、发展时间和结束时间，在不同的阶段都有特定的任务、程序和工作内容。掌握项目的生命期，就可以有效地对项目实施科学的管理。成功的项目管理是对项目全过程的管理，也是对整个项目生命期的管理。

只有同时具备上述三项特征的任务才称得上是项目。与此相对的，大批量的、重复进行的、目标不明确的、局部性的任务，不能称为项目。

（二）建设项目及其特点

1. 建设项目

建设项目是以实物形态表示的具体项目，如建造一栋大楼或一个公共游乐场，建造一条道路或输油管道等。在我国，建设项目是固定资产投资项目的简称，它包括基本建设项目（新建、扩建等扩大生产能力的项目）和更新改造项目（以改进技术、增加产品品种、提高质量、治理“三废”、劳动安全、节约资源为主要目的的项目）。

基本建设项目一般是指在一个总体设计或初步设计范围内，由一个或几个单项工程组成，在经济上进行统一核算，在行政上有独立组织形式，实行统一管理的建设对象。更新改造项目是指经批准，具有独立设计文件的技术改造工程，或企事业单位及其主管部门制订的技术改造计划中能独立发挥效益的工程。

2. 建设项目的组成

建设项目可分为单项工程、单位（子单位）工程、分部（子分部）工程和分项工程。

（1）单项工程。单项工程一般是指有独立设计文件，建成后可以独立发挥生产能力或效益的一组配套齐全的工程项目。从施工角度而言，单项工程就是一个独立的交工系统，在建设项目总体施工部署和管理目标的指导下，形成自身的项目管理方案和目标，按其投资和质量的要求，如期建成并交付生产和使用。

单项工程是建设项目的组成部分，一个建设项目有时可以仅包括一个单项工程，有时也可以包括多个单项工程。生产性建设项目的单项工程，一般是指能独立生产的车间，包括厂房建筑、设备安装及设备、工器具的购置等。

单项工程的施工条件往往具有相对独立性，因此一般单独组织施工和竣工验收。单项工程体现了建设项目的主要建设内容，是新增生产能力或工程效益的基础。

（2）单位（子单位）工程。单位工程是单项工程的组成部分，是指具备独立施工条件并能形成独立使用功能的建筑物及构筑物。单位工程通常指一个单体建筑物。对于民用住宅工程而言，可能包括一栋以上同类设计、位置相邻、同时施工的房屋建筑工程，或一栋主体建筑及其附属辅助建筑物。

随着经济的发展和施工技术的进步，目前已涌现出大量建筑规模较大的单体建筑物和具有综合使用功能的综合性建筑物，几万平方米的建筑物比比皆是，十万平方米以上的建筑物也不少。这些建筑物的施工周期一般较长，受多种因素的影响。例如：后期建设资金不足，部分停建、缓建，已建成可使用的部分需投入使用，以发挥投资效益；投资者为追求最大的投资效益，在建设期间需要将其中一部分提前建成使用；规模特别大的工程，一次性验收不方便。考虑上述情况，我国《建筑工程施工质量验收统一标准》（GB 50300—2013）规定，可将此类工程根据需要划分为若干个子单位工程，以便进行验收。

具有独立施工条件和能形成独立使用功能是单位（子单位）工程划分的基本依据。

（3）分部（子分部）工程。分部工程是单位工程的组成部分，分部工程的划分应按专业性质、工程部位或工程特点、功能、工程量确定。《建筑工程施工质量验收统一标准》规定，建筑工程可划分为地基与基础、主体结构、装饰装修、屋面、给排水与采暖、建筑电气、智能建筑、通风与空调、电梯、建筑节能等分部工程。

当分部工程较大或较复杂时，可按材料种类、工艺特点、施工程序、专业系统及类别等划分为若干子分部工程。例如：地基与基础分部工程又可细分为土方、基坑、地基、桩基础、地下防水等子分部工程；主体结构分部工程又可细分为混凝土结构，型钢、钢管混凝土结构，砌体结构，钢结构，轻钢结构，索膜结构，木结构，铝合金结构等子分部工程；建筑装饰装修分部工程又可细分为地面、抹灰、门窗、吊顶、轻质隔墙、饰面板（砖）、幕墙、涂饰、裱糊与软包、细部等子分部工程；智能建筑分部工程又可细分为通信网络系统、计算机网络系统、建筑设备监控系统、火灾报警及消防联动系统、会议系统与信息导航系统、专业应用系统、安全防范系统、综合布线系统、智能化集成系统、电源与接地、计算机机房工程、住宅（小区）智能化系统等子分部工程。

（4）分项工程。分项工程是分部工程的组成部分，也是形成建筑产品基本构件的施工过程。分项工程应按主要工种、材料、施工工艺、设备类别等进行划分，如土方开挖工程、土方回填工程、场地平整工程、钢筋工程、模板工程、混凝土工程、砖砌体工程、钢结构安装工程、木门窗制作与安装工程、保温系统安装工程、给水管道安装工程等。分项工程是建筑施工生产活动的基础，也是计量工程用工用料和机械台班消耗的基本单元，同时又是工程质量形成的直接过程。分项工程既有作业活动的独立性，又有相互联系、相互制约的整体性。

3. 建设项目的特点

建设项目除具备一般项目的特征外，还具有以下特点。

（1）投资额巨大，建设周期长。由于建设项目规模大、技术复杂、涉及的专业面宽，因此从项目设想到施工、投入使用，少则需要几年，多则需要十几年。同时，由于投资额巨大，项目建设只能成功不能失败，否则将造成严重后果，甚至影响国民经济和社会发展。

（2）整体性强。建设项目是按照一个总体设计建设的，是可以形成生产能力或使用价值的若干单项工程、单位工程的总体。

（3）具有固定性。建设项目（建筑产品）的固定性决定其设计只能单独进行，不能成批生产（建设）。这也给实施带来难度，且受环境影响大，管理复杂。

（三）建设项目的分类

由于建设项目种类繁多，为了适应科学管理的需要，从不同角度反映建设项目的性质、行业特点等，建设项目可以从不同角度进行分类。

1. 按管理需要划分

按照管理需要，在实际工作中将建设项目划分为基本建设项目和更新改造项目。基本建设项目一般是指以扩大生产能力（或新增工程效益）为主要建设内容和目的的固定资产投资项目；更新改造项目是指以节约资源、增加产品品种、提高质量、治理“三废”、劳保安全为主要目的的固定资产投资项目。

需要说明的是，划分基本建设项目和更新改造项目只限于国有企业单位的建设项目，非国有单位、非生产性部门的建设项目一般不做这种划分。

2. 按建设性质划分

（1）新建项目。新建项目是指根据国民经济和社会发展规划，按照规定的程序立项，从无到有、“平地起家”，新开始建设的项目。现有企事业单位和行政单位一般不应有新建项目。有的单位如果有基础薄弱、需要再兴建的项目，新增加的固定资产价值超过原有全部固定资产价值（原值）3 倍以上的，也视为新建项目。

（2）扩建项目。扩建项目是指现有企事业单位在原有场地内或其他地点，为扩大产品的生产能力或增加经济效益而增建生产车间、独立生产线或分厂的项目，以及事业和行政单位在原有业务系统的基础上为扩大规模而进行的新增固定资产投资项目。

（3）改建项目。改建项目是指现有企事业单位为调整产品结构、改革生产技术工艺、改善生产条件或生活福利条件，而对原有设施进行技术改造或更新的辅助性生产项目和生活福利设施项目。

（4）迁建项目。迁建项目是指原有企事业单位根据自身生产经营和事业发展的要求，按照国家调整生产力布局的经济发展战略需要或出于环境保护等其他特殊要求，搬迁到异地而建设的项目。迁建项目中符合新建、扩建、改建条件的，应分别视为新建项目、扩建项目和改建项目。

（5）恢复项目。恢复项目是指由于自然灾害、战争等原因使原有固定资产全部或部分报废，需要进行投资重建来恢复生产能力和业务工作条件、生活福利设施等的建设项目。这类项目无论是按原有规模恢复建设，还是在恢复过程中同时进行扩建，都属于恢复项目。但尚未建成投产或交付使用的项目在受到破坏后若仍按原设计重建的，则原建设性质不变。若按新设计重建，则根据新设计内容来确定其性质。

建设项目按性质分为上述五类，一个建设项目只能有一种性质，在项目按总体设计全部建成以前，其建设性质是始终不变的。

3. 按建设规模划分

为正确反映建设项目的规模，适应对建设项目分级管理的需要，国家规定基本建设项目可分为大型、中型、小型三类，更新改造项目可分为限额以上和限额以下两类。对于不同等级标准的建设项目，国家规定的审批机关和报建程序也不相同。划分项目等级的原则如下。

（1）按批准的可行性研究报告（初步设计）所确定的总设计能力或投资总额的大小进行分类。

（2）凡生产单一产品的项目，一般以产品的设计生产能力划分；生产多种产品的项目，一般按其主要产品的设计生产能力划分；产品分类较多，不易分清主次、难以按产品的设计能力划分时，可按投资总额划分。

（3）对国民经济和社会发展具有特殊意义的某些项目，虽然设计能力或全部投资不够大、中型项目标准，但经国家批准已列入大、中型计划或国家重点建设工程的项目，也按大、中型项目管理。

（4）更新改造项目一般只按投资额分为限额以上和限额以下项目，不再按生产能力或其他标准划分。

（5）基本建设项目的大、中、小型和更新改造项目限额的具体划分标准，根据各个时期经济发展和实际工作中的需要而有所变化。

4. 按投资效益和特点划分

根据建设项目的经济效益、社会效益和市场需求等基本特性，可将建设项目划分为竞争性项目、基础性项目和公益性项目三种。

（1）竞争性项目。竞争性项目主要是指投资回报率比较高、竞争性比较强的一般性建设项目，如商务办公楼项目、酒店项目、度假村项目、高档公寓项目等。这类建设项目应以企业为基本投资主体，由企业自主决策、自担投资风险。

（2）基础性项目。基础性项目主要是指具有自然垄断性、建设周期长、投资额大而收益低的基础设施和需要政府重点扶持的部分基础工业项目，以及直接增强国力的符合经济规模的支柱产业项目，如交通、通信、能源、水利、城市公用设施等。对于这类项目，主要应由政府集中必要的财力、物力，通过经济实体进行投资。同时，还应广泛吸引地方企业参与投资，有时还可吸引外商直接投资。

（3）公益性项目。公益性项目主要是指为社会发展服务、难以产生直接经济回报的项目，如科技、文教、卫生、体育和环保等设施，公检法等政权机关，以及政府机关、社会团体办公设施、国防建设等。公益性项目的投资主要来自政府财政资金。

5. 按投资来源划分

按投资来源划分，建设项目可划分为政府投资项目和非政府投资项目。

（1）政府投资项目。政府投资项目在国外也称为“公共工程”，是指为了适应和推动国民经济或区域经济的发展，满足社会的文化、生活需要，以及出于对政治、国防等因素的考虑，由政府通过财政投资、发行国债或地方财政债券、利用外国政府赠款，以及国家财政担保的国内外金融组织的贷款等方式独资或合资兴建的工程项目。

（2）非政府投资项目。非政府投资项目是指企业、集体单位、外商和私人投资兴建的工程项目。

三、建设项目管理的类型和任务

（一）建设项目管理的概念

1. 项目管理

项目管理是指在一定的约束条件下，为达到项目目标（在规定的时间和预算费用内达到要求的质量）而对项目实施的计划、组织、指挥、协调和控制的过程。

一定的约束条件是制定项目目标的依据，也是对项目进行控制的依据。项目管理的目的就是保证项目目标的实现。项目管理的对象是项目，由于项目具有单件性和一次性的特点，要求项目管理具有针对性、系统性、程序性和科学性。只有用系统工程的观点、理论和方法对项目进行管理，才能保证项目的顺利完成。

2. 建设项目管理

建设项目管理是项目管理的一个重要分支，它是指通过一定的组织形式，用系统工程的观点、理论和方法对建设项目生命期内的所有工作，包括项目建议书、可行性研究、项目决策、设计、设备询价、施工、签证、验收等系统运动过程进行计划、组织、指挥、协调和控制的过程，以达到保证工程质量、缩短工期、提高投资效益的目的。由此可见，建设项目管理是以建设项目目标控制（质量控制、进度控制和投资控制）为核心的管理活动。

建设项目管理与企业管理同属于管理活动范畴，但两者之间存在着明显区别。

（1）管理对象不同。建设项目管理的对象是一个具体的建设项目，而企业管理的对象是一个持续稳定的经济实体。

（2）管理目标不同。建设项目管理以具体项目的质量、进度和投资为目标，一般以效益为中心，项目的目标是短期的、临时的；而企业管理以持续稳定的利润为目标，企业的目标是长远的、稳定的。

（3）运行规律不同。建设项目管理是一项一次性多变的活动，其规律性是以项目生命期和项目内在规律为基础的；而企业管理是一种持续稳定的活动，其规律性是以现代企业制度和企业经济活动内在规律为基础的。

（4）管理内容不同。建设项目管理活动贯穿于一个具体项目生命期的全过程，包括项目立项、论证决策、规划设计、采购施工、总结评价等活动，这是一种任务型管理，需要按项目管理的科学方法进行管理；而企业管理则是一种职能管理和作业管理的综合，其本质是一种实体型管理，主要包括企业综合性管理、专业性管理和作业性管理。

（5）实施主体不同。建设项目管理实施的主体是多方面的，包括建设单位（或项目法人）及其委托的工程咨询（监理）公司、承包商等；而企业管理实施的主体仅是企业自身。

（二）建设项目管理的类型

在建设项目的决策和实施过程中，各阶段的任务和实施主体的不同构成了建设项目管理的不同类型。从系统的角度分析，每一类型的项目管理都是在特定的条件下，为实现整个建设项目总目标而设置的一个管理子系统。

1. 业主方项目管理

业主方项目管理是全过程的，包括项目策划决策与建设实施阶段的各个环节。由于建设项目属于一次性任务，因此建设单位（或项目法人）自行进行项目管理往往存在很大的局限性。首先，在技术和管理方面，建设单位（或项目法人）缺乏配套的专业化力量；其次，即使为建设单位（或项目法人）配备完善的管理机构，没有连续的工程任务也是不经济的。在计划经济体制下，每个建设单位都建立一个筹建处或基建处来管理工程建设，这样无法做到资源的优化配置和动态管理，而且也不利于建设经验的积累和应用。在市场经济体制下，建设单位（或项目法人）完全可以依靠社会化的项目管理单位，为其提供全过程或若干阶段的项目管理服务。当然，在我国的工程建设管理体制下，工程监理单位接受建设单位（或项目法人）的委托，为其提供的也是项目管理服务。与一般的工程项目管理咨询服务不同的是，我国的法律法规赋予工程监理单位、监理工程师更多的社会责任，特别是建设工程质量管理、安全生产管理方面的责任。

2. 工程总承包方项目管理

在设计施工总承包的情况下，建设单位（或项目法人）在项目决策之后，通过招标择优选定工程总承包单位，全面负责建设项目的实施过程，直至最终交付使用且功能和质量标准符合合同规定的工程项目。因此，工程总承包方的项目管理是贯穿于项目实施全过程的全面管理，既包括设计阶段，也包括施工安装阶段。工程总承包单位为取得预期的经营效益，必须在合同条件的约束下依靠自身的技术和管理优势或实力，通过优化设计及施工方案，在规定的时间内，按质按量地全面完成工程项目的承建任务，全面履行工程总承包合同。从交易的角度看，建设单位（或项目法人）是买方，总承包单位是卖方，因此两者的地位和利益追求是不同的。

3. 设计方项目管理

设计方项目管理是指设计单位承揽工程项目的设计任务后，根据设计合同所界定的工作目标及义务，对建设项目设计阶段的工作所进行的自我管理。设计单位通过设计项目管理，对建设项目的实施在技术和经济上进行全面而详尽的安排，引进先进技术和科研成果，形成设计图纸和说明书，并在实施过程中进行监督和验收。设计项目管理包括设计投标或方案竞赛、签订设计合同、设计条件准备、设计计划的编制与实施、设计文件验收与归档设计工作总结、施工过程中的设计控制与监督、竣工验收。由此可见，设计项目管理不仅限于工程设计阶段，而且延伸到施工阶段和竣工验收阶段。

4. 施工方项目管理

施工方项目管理是指施工承包单位通过投标取得工程施工承包合同，并根据施工合同所界定的工程范围，在施工项目管理责任制的前提下，依靠企业技术和管理的综合实力，对工程施工全过程进行计划、组织、指挥、协调和监督控制的系统管理活动。从一般意义上讲，施工项目应该指施工总承包的完整工程项目，既包括其中的土建工程施工，又包括建筑设备工程的施工安装，最终成功地形成具有独立使用功能的建筑产品。然而，由于分部工程、单位工程、子单位工程等是构成建设项目的子系统，按子系统定义项目，有特定的约束条件和目标要求，而且也是一次性的任务。因此，建设项目按专业、按部位分解发包时，承包方仍然可以将承包合同界定的局部施工任务作为项目管理的对象，这就是广义的施工项目管理。施工项目管理的责任目标体系包括工程施工质量（quality）、成本（cost）、工期（delivery）、安全和现场标准化（safety），简称 QCDS 目标体系。显然，这一目标体系既与建设项目的目标相联系，又有很强的建筑企业项目管理的自主性特征。

5. 物资供应方项目管理

从建设项目管理的系统角度看，工程物资供应工作也是建设项目实施的一个子系统，它有明确的任务和目标、明确的制约条件及与项目实施子系统的内在联系。因此，制造厂、供应商同样可以将加工生产制造和供应合同所界定的任务作为项目进行目标管理和控制，以适应建设项目总目标控制的要求。

（三）建设项目管理的任务

尽管建设项目的类型众多、特点各异，但建设项目管理的主要任务就是在建设项目可行性研究、投资决策的基础上，对建设准备工作、勘察设计、施工至竣工验收等全过程的一系列活动进行规划、协调、监督、控制和总结评价，通过合同管理、组织协调、目标控制、风险管理和信息管理等措施，保证建设项目的进度、投资、质量三大目标的实现。

建设项目的进度、投资和质量三大目标是一个相互关联的整体，三大目标之间既存在着矛盾的方面，又存在着统一的方面。进行建设项目管理必须充分考虑建设项目三大目标之间的对立统一关系，注意统筹兼顾，合理确定三大目标，防止盲目追求单一目标而冲击或干扰其他目标的现象。

（1）三大目标之间的对立关系。在通常情况下，如果对工程质量有较高的要求，就需要投入较多的资金和花费较长的建设时间；如果要抢时间、争进度，以极短的时间完成建设项目，势必会增加投资或者使工程质量下降；如果要减少投资、节约费用，势必会考虑降低项目的功能要求和质量标准。所有这些都表明，建设项目三大目标之间存在着矛盾和对立的关系。

（2）三大目标之间的统一关系。在通常情况下，适当增加投资数量为采取加快进度的措施提供经济条件，即可加快项目建设进度、缩短工期，使项目尽早投入使用，投资尽早回收，项目生命期经济效益得到提高。适当提高项目功能要求和质量标准虽然会造成一次性投资和建设工期的增加，但能够节约项目动用后的日常费用和维修费用，从而获得更好的投资经济效益。如果项目进度计划制订得既科学又合理，使工程进展具有连续性和均衡性，不但可以缩短建设工期，而且有可能获得较好的工程质量并降低工程费用。所有这一切都说明，建设项目三大目标之间存在着统一的关系。

1. 合同管理

建设项目合同，包括勘察设计合同、施工合同、建设物资采购合同、建设监理合同，以及建设项目实施过程中所必需的其他经济合同，这些都是建设单位（或项目法人）与参与项目实施各主体之间明确责任权利关系的具有法律效力的协议文件，也是市场经济体制下组织项目实施的基本手段。从某种意义上讲，项目的实施过程就是工程建设合同订立和履行的过程，一切合同所赋予的责任、权利履行到位之日，也就是建设项目实施完成之时。合同管理主要是指对各类合同的依法订立过程和履行过程的管理，包括合同文本的选择，合同条件的协商、谈判，合同书的签署，合同的履行、检查，合同的变更和违约、纠纷的处理，总结评价，等等。

由于建设单位（或项目法人）和参建单位在合同关系中所处的地位、责任、利益不同，因此各自对于合同管理的视点和着力点不尽相同。业主方合同管理服务于项目实施的总目标控制，视点在合同结构的策划上，以便通过科学合理的合同结构，理顺项目内部的管理关系，避免产生相互矛盾、脱节和混乱失控的项目组织管理状态。其着力点在于支付条件、质量目标和进度目标。施工合同管理的视点在于工程价款及支付条件，质量标准及验收办法，不可抗力造成损害的承担原则，第三者损害的承担原则，设计变更、施工条件变更及工程中止损失的补偿原则，其着力点为施工索赔。

建设项目合同管理不仅需要具备系统的合同法律知识，而且需要熟悉工程建设领域生产经营、交易活动和经济管理的基本特点及基础业务知识，因此通常需要由专业的合同管理人员或委托工程建设咨询机构来承担。建设项目管理人员也必须学习和掌握有关合同的法律知识，学会应用法律和合同的手段指导项目管理工作，正确处理相关的经济合同关系。

2. 组织协调

建设项目组织协调是项目管理的职能，是管理的技能和艺术，也是实现项目目标必不可少的方法和手段。在项目实施过程中，建设单位(或项目法人)及各参建单位需要处理和调整众多复杂的业务组织关系，主要内容如下。

（1）外部环境协调。外部环境协调指与政府管理部门之间的协调，如规划、城建、市政、消防、人防、环保、城管部门的协调；资源供应方面的协调，如供水、供电、供热、电信、通信、运输和排水等方面的协调；生产要素方面的协调，如图纸、材料、设备、劳动力和资金方面的协调；社区环境方面的协调；等等。

（2）项目参建单位之间的协调。项目参建单位主要有建设单位（或项目法人）、监理单位、设计单位、施工单位、供货单位、加工单位等。

（3）项目参建单位内部的协调。项目参建单位内部的协调是指项目参与单位内部各部门、各层次之间及个人之间的协调。

围绕着建设项目的总目标，建设项目各参建单位及各级管理人员都要积极参与并主动承担各级工作范围内的组织协调工作，注意采用科学有效的方法。

①设立专门的协调机构和专职人员。

②建立协调工作制度，对经常性事项制定专门程序，事先确定协调时间、内容、方式和具体负责人。

③明确工作职责，处理好集中调度与分散处理的关系，充分发挥各级各类管理人员的作用。

④根据不同对象，采用不同的协调方法，如宣传、指令、监督、交流、会议等。

⑤考虑建设项目系统的整体效益，分清各要素之间的联系和制约，实现综合协调和总体优化。

3. 目标控制

目标控制是建设项目管理的重要职能，它是指项目管理人员在不断变化的动态环境中，为保证既定计划目标的实现而进行的一系列检查和调整活动的过程，也就是项目控制机构按预先设定的目标值，在实施过程中对被控对象不断进行调查和分析，将实际状况与计划目标进行比较，通过比较找出偏差，并采取措施加以调节和纠正，使其满足预定目标的要求。

其主要环节的具体内容如下。

（1）预定目标值设定。预定目标一般用一系列计划指标值来反映，如项目工期、质量、投资或成本等数值。为了便于控制，有时还必须将控制目标值按不同对象、不同层次、不同内容等进行分解。

（2）信息调查和收集。信息调查和收集是实现信息反馈的主要步骤，是实施控制的依据，既要收集已发生的项目实际状况、外部环境变化等信息，还要收集对未来事态发展趋势的预测信息。

（3）比较和分析。通过将预定目标值与实际状况进行对比，可以找出工程实施过程中的目标偏差，并分析其产生的原因，以便进一步采取措施。

（4）纠偏与调整。根据偏差的程度采取相应措施，以保证既定目标实现，或者调整预定目标，重新制定新的实施方案。

建设项目目标控制的主要任务就是采用规划、组织、协调等手段，从多方面采取措施，包括组织措施、技术措施、经济措施、合同措施等，确保项目总目标的实现。项目目标控制的任务贯穿于项目前期策划、勘察设计、施工、竣工交付等各个阶段。建设单位必须根据工程的性质、任务和特点，制定详细的目标规划，明确控制要求。

4. 风险管理

随着建设项目规模的大型化和技术的复杂化，工程建设所面临的风险越来越大。工程建设的客观现实告诉人们，要想保证建设项目的投资效益，就必须对项目风险进行定量分析和系统评价，以提出风险对策，形成一套有效的项目风险管理程序。

（1）风险及风险因素。风险是一种客观存在的、损失的发生，具有不确定性。由于分类角度不同，风险有许多类型：按风险的损害对象来分，有人身风险、财产风险和责任风险；按风险性质来分，有主观风险和客观风险；按项目环境来分，有外部环境风险、内部机制风险。

风险因素是指促使或增加损失发生或损失严重程度的任何事件。构成风险因素的条件越多，发生损失的可能性就越大，损失越严重。建设项目的风险因素按风险来源分有自然风险、技术风险、设计风险、施工风险、财务风险、市场风险、政策法律风险和环境风险。

（2）风险管理程序。风险管理是一个确定和度量项目风险，以及制定、选择和管理风险处理方案的过程。其目标是通过风险分析减少项目决策的不确定性，使决策更加科学，以及在项目实施阶段保证目标控制的顺利进行，更好地实现项目的进度、投资、质量目标。它主要包括以下几个环节。

①目标的建立。风险管理的目标是选择最经济有效的方法将风险成本减

至最低，它可以分为损失前的管理目标和损失后的管理目标。前者想方设法减少和避免损失的发生；而后者在损失发生后，尽可能减少直接损失和间接损失，尽快恢复到损失前的状态。

②风险的识别。要想对付风险，必须先识别风险。针对不同项目的性质、规模和技术条件，风险管理人员应根据自身的知识、经验和丰富的信息资料，选择多种方法和途径，尽可能全面地辨识所面临的各种风险，并加以分类。

③风险分析和评价。风险分析和评价是对建设项目风险发生概率及严重程度进行定量化分析和评价的过程。

④规划并决策。完成项目风险的识别和分析过程后，就应该对各种风险管理对策进行规划，并根据项目风险管理的总体目标，就处理项目风险的最佳对策组合进行决策。一般而言，风险防范的对策有风险回避、风险控制、风险转移和风险自担。

⑤计划实施。当风险管理者对风险管理对策做出选择之后，必须制订具体的计划，如安全计划、损失控制计划、应急计划等，并付诸实施。在选择购买工程保险时，应确定恰当的水平和合理的保费，选择保险公司等。

⑥检查和总结。通过检查和总结，可以使风险管理者及时发现偏差、纠正错误、减少成本，控制计划的执行，调整工作方法，总结经验，提高风险管理水平。

（3）风险防范对策。①风险回避是彻底规避风险的一种做法，即消除风险的来源。对于建设项目而言，可能意味着彻底改变方案甚至否定该项目的建设。需要指出的是，回避风险在某种程度上意味着丧失获利的机会。因此，只有当风险因素可能造成的损失相当严重或者采取措施防范风险的代价过于昂贵、得不偿失时，才应采取风险回避对策。②风险控制是对可控制的风险提出降低风险发生可能性和减少风险损失程度的措施，并从技术和经济相结合的角度论证拟采取的控制措施的可行性与合理性。③风险转移是指将项目可能发生的风险的一部分转移给他人。风险转移可分为保险转移和非保险转移两种。保险转移是指向保险公司投保，将项目的部分风险损失转移给保险公司承担；非保险转移是指将项目的部分风险转移给承包方，如项目的技术、设备、施工等可能存在风险，在签订合同时可将部分风险损失转移给承包方承担。④风险自担是指将可能的风险损失留给自己承担。这种方式适用于已知有风险存在，但因可获高利回报而甘愿冒险的项目，或者风险损失较小，可以自行承担的项目。

5. 信息管理

信息管理是建设项目管理的基础工作，是实现项目目标控制的保证。只有不断提高信息管理水平，才能更好地承担项目管理的任务。

所谓建设项目信息管理，主要是指对有关建设项目的各类信息的收集、储存、加工整理、传递与使用等一系列工作的总称。

信息管理是项目目标控制的基础，其主要任务就是及时、准确地向项目管理的各级领导、各参加单位及各类人员提供其所需的综合程度不同的信息，以便其在项目进展的全过程中动态地进行项目规划，迅速、正确地进行各种决策，并及时检查决策执行结果，它能反映工程实施中暴露的各类问题，为项目总目标服务。

信息管理工作的好坏，将会直接影响项目管理的成败。在我国长期工程建设的实践中，由于缺乏信息、难以及时取得信息、所得到的信息不准确或信息的综合程度不满足项目管理的要求、信息存储分散等原因，项目决策、控制、执行和检查有困难，影响项目总目标实现的情况屡见不鲜，应该引起广大项目管理人员的重视。

为了做好信息管理工作，需要把握以下几个环节。

（1）信息的收集：建立一套完善的信息采集制度。

（2）信息的检索和传递：做好编目分类和流程设计工作，拟定科学查找的方法和手段。

（3）信息的采用：充分利用现有的信息资源。

第二节　建设监理

一、建设监理概述

建设监理是指监理单位受建设单位的委托，对工程建设全过程或项目实施阶段进行监督和管理的活动。

建设监理大致包括对投资结构和项目决策的监理、对建设市场的监理、对工程建设实施的监理。目前我国的建设监理还处于初级阶段，主要是对工程建设实施的监理，其对象包括新建、改建和扩建的各种工程项目。政府和公有制企事业单位投资的工程，以及外资、中外合资建设项目，必须要实行招标承包制和建设监理。其他所有制单位投资的工程也要引导实行这两种制度。

工程建设监理制度是我国建设体制深化改革的一项重大措施，它是适应市场经济的产物。建立并推行建设监理制度是建立和完善社会主义市场经济体系的需要，也是开拓国际市场、进入国际经济大循环的需要。为此，《中华人民共和国建筑法》做出了“国家推行建筑工程监理制度”的规定。

二、工程建设监理的内容和作用

建设监理的实施是指专业的社会监理单位受建设单位或投资者的委托，对工程建设项目的全过程或工程项目的某一阶段所进行的监理活动。

（一）监理的主要业务

（1）建设前期监理，包括投资决策咨询、编制项目建议书和项目可行性研究报告等。

（2）设计阶段监理，包括选择勘察、设计单位，审查勘察报告与设计图纸，核查设计概（预）算，等等。

（3）施工招标监理，包括准备招标文件，协助组织进行招、投标活动，协助签订承包合同，等等。

（4）施工阶段监理，包括协助承包单位写开工报告、选择分包单位、审查施工组织设计和施工技术方案、检查工程使用材料和设备的质量、检查工程质量、检查工程进度、签署工程付款凭证、检查安全措施、调解建设单位与施工单位的争议、组织工程竣工的初步验收、提出竣工验收报告、审查工程结算等。

（5）保修阶段监理，包括协助建设单位检查工程情况、组织鉴定质量问题、督促责任单位保修等。

（二）工程建设监理的作用

工程建设监理的作用是代表建设单位对工程建设项目用严格的监理制度、特殊的管理方式，按合同规范要求进行全过程跟踪和全面监督与管理，促使工程建设项目的投资、工期、质量按计划实现，最终实现工程建设项目的合法、合理、科学、经济。

三、工程建设监理的范围、依据和程序

建筑工程建设监理是指工程建设监理单位受建设单位委托，对建筑工程所进行的监督和管理的活动。其作用是保证建设行为符合国家法律法规和有关政策，防止建设行为的随意性和盲目性，促使工程建设的进度、投资、质量等按合同进行，保证建设行为的合法性和经济性。

（一）工程建设监理的范围

建筑工程实施强制监理的范围包括以下几种。

（1）国家重点工程，大、中型工程项目。

（2）市政、公用工程项目。

（3）政府投资兴建和开发建设的社会发展事业项目及住宅工程项目。

（4）外资、中外合资、国外贷款、赠款、捐款建设的工程项目。

（二）工程建设监理的依据

根据《中华人民共和国建筑法》和建设监理的有关规定，建设监理的依据有以下几种。

（1）国家法律、行政法规。

（2）国家现行的技术规范、技术标准。

（3）建设文件、设计文件和设计图纸。

（4）依法签订的各类工程合同文件。

（三）工程建设监理的程序

监理人按合同约定派出监理工作需要的监理机构（派驻该工程现场实施监理业务的组织），委派总监理工程师及其监理机构的主要成员，迅速实施工程建设监理。工程建设监理一般应按下列程序进行。

（1）编制工程建设监理规划。

（2）按工程建设进度，分专业编制工程建设监理细则。

（3）按照建设监理细则进行建设监理。

（4）参与工程竣工预验收，签署建设监理意见。

（5）建设监理业务完成后，向委托人提交工程建设监理档案资料。

我国的建设监理起步晚，建设监理的法规建设落后于建设监理的发展，要想形成一套具有中国特色的建设监理法规体系，还需要不断探索、总结和完善。

第三节　道路与桥梁施工技术

一、道路施工技术

（一）路基的施工技术

路基的强度和稳定性不仅要通过设计予以保证，同时要通过施工得以实现。路基是路面的基础，路基的施工质量直接影响路面的使用品质，坚固而稳定的路基是通过施工实现的，只有精心施工才能建成高质量的路基工程。路基施工主要包括挖掘路堑、填筑路堤、处理路堤基底、清理场地施工中的排水及边沟、修筑边坡等工作。

1. 路堤填筑施工

为保证路堤的强度和稳定性，在填筑路堤时要处理好基底，选择良好的填料，要保证必需的压实度、正确的填筑方法和施工工艺。

（1）基底处理。路堤基底是指路堤所在的原地面。为使路堤填筑后基底不致产生过大的沉陷，并使路堤与原地面紧密结合，防止路堤沿基底发生滑动，应根据基底的土质、水文情况、坡度等对基底采取相应的处理措施。例如：在路堤原状土的强度不符合要求时，应进行相应深度的换填；在地下水影响路堤稳定性时，应采取拦截、引排地下水或在路堤底部填筑渗水性好的材料；地面横坡较陡时，应把原地面挖成台阶状，并进行夯实。

（2）填料选择。无论是土方路堤还是石方路堤或土石方路堤，填料选择时一般都以利用当地土石做填料为原则，尽量选择挖取方便、强度高、稳定性好并便于施工的土石作为路堤填料。可用于填筑的土石材料有巨粒土、石质土、砂土，而轻黏土、重黏土均不是理想的填筑材料。若某些含有泥炭、淤泥、冻土、强膨胀土、有机质等土质被作为填筑材料，上述物质的含量均不得超过规范规定的含量。

（3）填筑方法。路堤的基本填筑方法有分层填筑法、竖向填筑法、混合填筑法等。

①分层填筑法：按照路堤设计断面自上而下逐层填筑，将不同性质的土层有规则地分层填筑和压实，可分为水平分层填筑和纵向分层填筑。水平分层填筑是指填筑时按照全宽分成水平层次，逐层向上填筑，是路基填筑的基本方法。纵向分层填筑是指依线路纵坡方向分层，逐层向坡向填筑，一般用于推土机从路堑取土填筑的距离较短的路堤。

②竖向填筑法：从路堤一端或两端的某一高度把填料倾填于路堤底部，逐层推进填筑。此法填土的厚度过厚，不易压实，仅适用于无法自下而上填筑的深谷、陡坡、断岩、泥沼等机械无法进场的路堤。

③混合填筑法：路堤下层用竖向填筑法，上层用水平分层填筑法，适用于因地形限制或填筑堤身较高，不可采用水平分层或竖向分层自始至终进行填筑的情况。一般沿线路分段进行，分段距离以 20 ～ 40 m 为宜，多在地势平坦或两侧可利用的山地、土场上使用。

2. 路堑挖方施工

路堑的开挖方式根据路堑深度、纵向长短及现场施工条件而定，有横向挖掘法、纵向挖掘法、混合式挖掘法等几种方式。

横向挖掘法，就是对路堑的整个宽度，从路堑的一端或两端开始，以全宽及适当深度开挖。此法适用于挖掘浅且短的单层路堑或深且短的多层路堑。

纵向挖掘法，又可分为分层纵挖法、通道纵挖法和分段纵挖法。分层纵挖法是指沿路堑全宽以深度不大的纵向分层进行挖掘。通道纵挖法是指先沿路堑纵向挖出一条通道，然后再把通道向两侧拓宽，以扩大工作面。分段纵挖法是在路堑上选择一个或几个适当的位置，从一侧挖一个或几个出口，把路堑分为几段，再分别沿纵向开挖。

混合式挖掘法是指将横向挖掘法和通道纵挖法混合使用，先沿路堑挖出一个纵向通道，然后沿横向坡面挖出横向通道。

对于石质路堑，需要根据岩体条件、开挖尺寸、工程量和施工技术要求，通过方案比较拟定合理的开挖方式。开挖方式有钻爆开挖、直接使用机械开挖、静态破碎法等。

3. 路基防护和支挡

路基防护工程是防治路基病害、保证路基稳定、改善环境景观、保护生态平衡的重要措施，一般有边坡坡面防护、冲刷防护、支挡建筑物及湿软地基加固等几类。用于防护的材料有植物、圬工、土工织物等。支挡建筑物一般采用挡土墙形式，挡土墙分为重力式挡土墙、加筋土挡土墙、锚杆式挡土墙三种。用于湿软地基加固的形式有基底开挖换填、砂垫层、反压护道、抛石挤淤、砂井、塑料排水板、土工聚合物处治、旋喷桩等多种。

（二）路面的施工技术

由于行车荷载对路面的作用随着深度而逐渐减弱，同时路基的湿度和温度状况也会影响路面的工作状况。因此，从受力情况、自然因素等对路面作用程度的不同及经济的角度考虑，一般将路面分为基层（底基层）、面层、垫层来铺筑。

1. 基层（底基层）施工

（1）基层（底基层）的类型。基层的两大类型是粒料基层和无机结合料稳定基层。

粒料基层有嵌锁型和级配型两种类型。嵌锁型包括泥结碎石、泥灰结碎石、填隙碎石。填隙碎石可用于各等级公路的底基层和二级以下公路的基层，泥结碎石和泥灰结碎石可用于各级公路的基层。级配型包括级配碎石、级配砾石、级配碎砾石及符合级配的天然沙砾等。其中，级配碎石可用于各级公路的基层和底基层；级配砾石、级配碎砾石，以及符合级配的天然沙砾可用于轻交通的二级及二级以下的基层及各级公路的底基层。

无机结合料稳定基层包括水泥稳定土基层、石灰稳定土基层和石灰工业废渣稳定土基层三大类型。水泥稳定土基层适用于各级公路的基层和底基层; 石灰稳定土基层适用于各级公路的底基层和二级及二级以下公路的基层; 石灰工业废渣稳定土基层适用于各级公路的基层和底基层。

（2）基层施工技术。

①粒料基层嵌锁型施工的方法有干法施工和湿法施工。干法施工的程序如下。

a. 初压：用压路机初压，使粗碎石稳定就位。

b. 撒铺填隙料：将干细填料均匀地撒铺在已压稳的粗碎石上，松铺厚度为 2.5 ～ 3.0 m。

c. 碾压：用压路机慢速碾压，将全部填料振入粗碎石间的孔隙中。

d. 再次撒铺填隙料：再次将干填细料撒铺在粗碎石层上，松铺厚度为 2.0 ～ 2.5 m。

e. 再次碾压：在碾压过程中，对局部填料不足之处进行人工找补。

f. 当填隙碎石表面孔隙全部填满后，在表面先洒少量水，再进行碾压，干法施工完成。

湿法施工和干法施工的不同之处在于粗石层表面的孔隙被全部填满后用洒水车洒水直至饱和，再进行碾压。碾压完成后让水分蒸发一段时间，再将细料覆盖层扫除干净。级配型施工方法有路拌法施工和中心站集中拌和法施工。中心站集中拌和法施工是在中心站用多台机械进行集中拌和，拌和的机械有强制式拌和机、卧式双转轴浆液式拌和机、普通水泥混凝土拌和机。拌和的施工工序与路拌施工工序基本相同。

②无机结合料稳定基层施工备料有以下几个要求。

a. 土料在预定的深度范围内采集，不应分层采集。

b. 无机结合料使用的碎石、砂砾、各种粒状矿渣应满足规范要求的强度，与其他材料配合后应满足相应的规范级配要求。

c. 水泥路拌法宜采用袋装水泥，场拌法宜采用散装水泥。

d. 当石灰存放时间较长时，应覆盖封存。生石灰块在使用前充分消除。消除后的石灰应保持一定的湿度，不得产生扬尘。

e. 运到现场的粉煤灰应含有足够的水分以防止扬尘。场拌法施工宜选用经过工厂处理的符合规范的散装粉煤灰。施工方法有路拌法和中心站集中拌和法。

2. 面层施工

（1）沥青面层施工。沥青面层经常采用的沥青材料有石油沥青、煤沥青、液体石油沥青和沥青乳液等。石油沥青一般用于各类沥青面层。面层的另一类重要的材料是沥青混合料，即由沥青、粗集料、细集料和矿粉，以及外加剂组成的一种复合材料。工程上一般采用热拌沥青混合料作为面层材料。热拌沥青混合料适用于各种等级公路的沥青面层。

（2）水泥混凝土面层施工。单水泥混凝土具有可浇性、经济、耐用、耐热、能效高、能耗低、材料丰富等优点，但也具有抗拉强度低、韧性差、体积不稳定等缺点。水泥混凝土路面包括普通混凝土、钢筋混凝土、连续配筋混凝土、预应力混凝土、装配式混凝土、钢纤维混凝土等面层板和基层组成的路面。水泥混凝土路面具有强度高、稳定性好、耐久性好，以及养护费用少、有利于夜间行车等优点。

水泥混凝土面层的铺筑技术方法有小型机具铺筑、滑模机械铺筑、轨道式摊铺机铺筑和碾压混凝土等。

3. 垫层施工

路面的垫层介于基层和土层之间，用以调节和改善土基的水温状况，保证面层和基层具有必要的强度、稳定性、抗冻胀性能及基层的荷载能力，减少土层所产生的变形。

根据所选用的材料不同，垫层分为透水垫层和稳定性垫层。

透水垫层由松散的颗粒材料组成，最常用的是砂垫层。在砂垫层的施工中，首先，注意砂垫层应该分层铺设，每层的厚度和密实度应该满足规范要求；其次，当地基表层承载能力不同时，采用的摊铺顺序应有所不同。

稳定性垫层由整体性材料组成，常用的有水泥土、石灰土等。在石灰土垫层施工时，施工前首先要对下卧地基进行检验，局部软弱土坑应挖除换填；其次要注意分层松铺厚度。

二、桥梁施工技术

（一）桥梁上部结构的施工

桥梁上部结构的形式是多种多样的，其施工方法也比较多，除了一些比较特殊的施工法，大致可分为就地浇筑法和预制安装法两大类。现将常用施工方法的特点和适用性分述如下。

1. 就地浇筑法

就地浇筑法是指在桥跨间搭设支架，在支架上安装模板、绑扎钢筋，现场浇筑混凝土，待混凝土达到强度后拆除模板、支架。就地浇筑法无须预制场地，而且不需要大型起吊、运输设备，梁体的主筋可不中断，桥梁整体性好。它的主要缺点是：工期长，施工质量不容易控制；混凝土梁由混凝土的收缩、徐变引起的应力损失比较大；施工中的支架、模板耗用量大，施工费用高（搭设支架影响排洪、通航，施工期间可能受到洪水和漂流物的威胁）。

（1）固定支架法。在桥跨间安设支架，在支架上安装模板、绑扎钢筋、浇筑混凝土。这种施工方法的特点是桥梁的整体性好，施工平稳、可靠，不需大型起吊设备，施工中无体系转换问题，但需要大量的施工支架和大量的施工场地。适用于陆地上钢筋混凝土和预应力混凝土中小跨径连续桥的施工。

（2）逐孔现浇法。在支架上逐孔现浇施工。与固定支架法的区别在于逐孔现浇法仅在一孔或两孔之间设置支架，完成后将支架整体转移到下一孔继续施工。它的特点是支架和模板可周转使用，所花费用较少。适用于中小跨径及结构构造简单的预应力混凝土桥的施工。

（3）悬臂浇筑法。从桥墩开始，两侧对称进行现浇梁段。它的主要特点是桥梁在施工过程中产生负弯矩，桥墩也要承受由施工产生的弯矩；施工简便，结构整体性好，施工中可不断调整位置。常用于跨径大于 100 m 的预应力混凝土 T 形刚构桥、变截面连续梁桥和斜拉桥等桥梁的施工。

（4）顶推法。在沿桥纵轴方向的台后设置预制场地，分节段预制，并用纵向预应力筋将预制节段与施工完成的梁体连成整体，然后通过水平千斤顶施力，将梁体向前顶推出预制场地。之后继续在预制场地进行下一节段梁的预制，循环操作直至施工完成。

顶推施工法的特点是可以使用简单的设备建造长大桥梁，施工费用低，施工平稳无噪声；主梁分段预制，连续作业，结构整体性好。宜在水深、山谷和高桥墩的桥梁上应用。

2. 预制安装法

预制安装法是在预制工厂或在运输方便的桥址附近设置预制厂进行桥梁的预制工作，然后采用一定的架设方法进行安装。预制安装法施工一般是指钢筋混凝土或预应力混凝土简支梁的预制安装，分预制、运输和安装三部分。

（1）自行式吊装法。采用一台或多台汽车吊、履带吊等机械进行梁跨的吊装。此法适用于中小跨径简支梁的架设安装。

（2）跨墩龙门架。吊装以胶轮平板拖车、轨道平车或龙门架将预制梁运送到桥孔，用跨墩龙门架将梁吊起，再横移到梁设计位置，然后落梁就位，直至完成架梁工作。此法适用于架设地点地形平坦且良好，桥墩不太高的桥梁。

（3）架桥机。在空跨内安装导梁，以此为支撑梁来架设梁体。按形式不同可分为单导梁、双导梁、斜拉式和悬吊式等。

（4）浮运架梁法。将梁体用船载运至架设地点，利用两套卷扬机组合提升，吊装到位。

（5）逐孔拼装法。在施工的孔跨内搭设落地式支架或采用悬吊式支架，将节段预制快件按顺序吊放在支架上，然后在预应力孔道内穿入预应力筋，对梁施加预应力使其成为整体。

（6）悬臂拼装法。悬臂拼装法与悬臂浇筑法相似，从桥墩开始，对预制节段进行对称拼装。

3. 转体施工法

转体施工法是对桥梁构件先在桥位处岸边（或路边及适当位置）进行预制，待混凝土达到设计强度后旋转构件就位的施工方法。转体施工静力组合不变，它的支座位置就是施工时的旋转支撑和旋转轴，桥梁完工后可按设计要求改变支撑情况。转体施工法一般适用于各类单孔拱桥的施工，它的施工特点是结构合理、受力明确、节省施工用料、减少安装架设工序、施工速度快、造价低，而且不影响通航。转体施工法可分为平转、竖转和平竖几何相结合的转体施工。

（二）桥墩、桥台的施工技术

桥梁墩台施工是桥梁工程施工的一个重要部分，其施工质量的优劣不仅关系到桥梁上部结构的制作与安装质量，而且影响桥梁的使用功能。因此，墩台的位置、尺寸和材料强度等都必须符合设计规范的要求。在施工过程中，首先应准确地测定墩台位置，正确地进行模板制作与安装，同时采用经过规范检验的合格建筑材料，严格执行施工规范的规定，以确保施工质量。

桥梁墩台施工方法通常分为两大类：一类是现场就地浇筑与砌筑；另一类是拼装预制的混凝土砌块、钢筋混凝土或预应力混凝土构件。

多数工程采用现场就地浇筑与砌筑，优点是工序简便、机具较少、技术操作难度较小，缺点是施工期限较长，需耗费较多的劳力与物力。近年来，交通建设迅速发展，施工机械（起重机械、混凝土泵送机械及运输机械）也随之有了很大进步，采用预制装配构件建造桥梁墩台的施工方法有了新的进展，其特点是既可确保施工质量、减轻工人劳动强度，又可加快工程进度、提高工程效益，对施工场地狭窄，尤其是缺少砂石的地区或干旱缺水的地区等有着重要意义。

1. 混凝土墩台的就地浇筑

混凝土墩台的就地浇筑施工有两个主要工序：一是制作与安装墩台模板；二是混凝土浇筑。

（1）制作与安装墩台模板。模板的设计与施工应符合如下要求。

①具有必需的强度、刚度和稳定性，能可靠地承受施工过程中可能产生的各项荷载，保证结构物各部形状、尺寸的准确。

②尽可能采用组合钢模板或大模板以节约木材，提高模板的适应性和周转率。

③模板板面平整，接缝严密不漏浆。

④拆装容易，施工操作方便，保证安全。

模板一般由木材、钢料或其他符合设计要求的材料制成。木模重量轻，便于加工成结构物所需要的尺寸和形状，但装拆时易损坏，重复使用少。对于大量或定型的混凝土结构物，则多采用钢模板。钢模板造价较高，但可重复使用，且拼装拆卸方便。

常用的模板类型如下。

①拼装式模板是将各种尺寸的标准模板用销钉连接，并与拉杆、加劲构件等组成墩台所需形状的模板。

②整体吊装模板是指将墩台模板水平分为若干段，每段模板组成一个整体，在地面拼装后吊装就位。分段高度可视起吊能力而定，一般可为 2 ～ 4 m。

③组合型钢模板是以各种长度、宽度及转角标准构件，用定型的连接件将钢模板拼成结构用模板。

④滑动钢模板，适用于各种类型的桥墩。

各种模板在工程上的应用可根据墩台高度、墩台形式、机具设备、施工期限等条件，因地制宜，合理选用。在模板安装前应对其尺寸进行检查；安装时要坚实牢固，以免振捣混凝土时引起跑模漏浆；安装位置要符合结构设计要求。

（2）混凝土浇筑。浇筑前检查混凝土的均匀性，按设计要求控制坍落度。混凝土应按一定的厚度、顺序和方向分层浇筑。应在下层混凝土初凝或能重塑前浇筑完上层混凝土，分层应水平，分层厚度不宜超过 30 cm。

在每层混凝土浇筑过程中，随混凝土的灌入及时采用插入式振动棒振捣。振动棒振动移动间距不超过振动棒作用半径的 1.5 倍；在振捣过程中，振动棒与模板间距保持在 5 ～ 10 cm，并避免碰撞钢筋，不得直接或间接地通过钢筋施加振动。在振捣上层混凝土时，振动棒应插入下层混凝土出现的较大气泡内。对每个振动部位，必须振动到该部位混凝土密实为止。密实的标志是混凝土停止下沉，不再冒出气泡，表面比较平坦、泛浆。

在浇筑混凝土过程中，设专人检查支架、模板、钢筋和预埋件。当发现有松动、变形、移位时，应及时处理。浇筑完毕后要进行收浆，并及时向表面洒水养护（水质与拌和用水相同），洒水养护时间一般为 7 天。当承台与流动性地表水或地下水接触时，应采取防水措施，使混凝土在浇筑 7 天后不受水的冲刷侵袭。在混凝土强度达到设计强度的 80 % 之前，不得使其承受各种外加荷载。

2. 装配式墩台

装配式墩台（柱式墩、后张法预应力墩）施工适用于山谷架桥和跨越平缓无漂流物的河沟、河滩等地的桥梁，特别是在工地干扰多、施工场地狭窄、缺水与沙石供应困难的地区，其效果更为显著。其优点是结构形式轻便、建桥速度快、圬工量小、预制构件质量有保证等。

装配式墩有柱式墩、后张法预应力墩两种形式。柱式墩将桥墩分解成若干轻型部件，在工厂或工地集中预制，再运送到现场装配成桥梁。后张法预应力墩分为基础墩身、实体墩身和装配墩身三大部分。装配墩身由基本构件、隔板、顶板及顶冒四种不同形状的构件组成，并用高强钢丝穿入预留的上下贯通的孔道内，张拉锚固而成。

第四节　公路、桥梁的养护与维修

一、公路养护与维修

（一）公路养护概述

1. 公路养护的目的与基本任务

公路养护是保证汽车高速、安全、舒适行驶的不可缺少的经常性工作。

（1）公路养护的目的。公路养护的目的是保持公路及其设施的完好状态，及时修复损坏部分，保证行车安全、舒适、畅通，以提高运输的经济效益。

（2）公路养护的基本任务。公路养护的基本任务是：采取正确的技术措施，提高养护工作质量，延长公路的使用年限，以节省资金；防治结合，治理公路的病害和隐患，逐步提高公路的抗灾能力，并对原有技术标准过低的路线和构造物及沿线设施进行分期改建和增建，逐步提高公路的使用质量和服务水平。

2. 公路养护的技术政策和措施

（1）技术政策。公路养护工作不只是一项技术性工作，同时也是一项政策性很强的工作。国家规定的公路养护政策主要有以下八条。

①公路养护工作必须贯彻“预防为主，防治结合”的方针，根据积累的技术经验资料和当地的具体情况，通过科学分析和预先防范，消除导致公路损毁的因素，增强公路设施的耐久性和抗灾能力。

②因地制宜，就地取材，尽量选用当地天然材料和工业废渣；充分利用原有工程材料和原有工程设施，以降低养护成本。

③推广运用先进的养护技术和科学的管理方法，改善养护生产手段，提高养护技术水平。

④重视综合治理，保护生态平衡、路旁景观和文物古迹；防止环境污染；尽量少占农田。

⑤加强桥梁的检查、维修、加固和改善，逐步消灭危桥。

⑥养护工程设计应符合《公路工程技术标准》的规定；公路养护施工时应注重社会效益，保障公路畅通。

⑦加强以路面养护为中心的全面养护。

⑧大力推广和发展公路养护现代化。

（2）技术措施。①认真开展路况调查，分析公路技术状况，针对病害产生的原因和后果，采取先进、有效、经济的技术措施。②加强养护工程的前期工作和各种材料试验及施工质量检测和监理，确保工程质量。③推广路面、桥梁管理系统，逐步建立公路数据库，实行病害监控，实现决策科学化，使有限的资金发挥最大的经济效益。④推广公路标准化与美化工程，实施公路的科学养护与规范化管理，改变现有公路的面貌，提高公路的整体服务水平。⑤认真做好公路交通情况调查工作，积极开发和采用自动化观测及计算机处理技术，为公路规划、设计、养护、管理、科研等提供全面、准确、连续、可靠的交通情况信息资料。⑥改革养护生产组织形式，管好、用好现有的养护机具设备，积极引进、改造、研制养护机械，逐步实现养护机械装备的标准化、系列化，以保障养护工程质量，提高养护生产效率，降低劳动强度，改善劳动环境。⑦加强对交通工程设施（主要有标志、标线、通信、监控等）、收费设施、服务管理设施等的设置、维护、更新工作，保障公路应有的服务水平。

3. 公路养护工程的分类

公路养护工程按照公路养护的工程性质、规模大小、技术难易程度可分为以下四类。

（1）小修保养工程。对公路及其一切工程设施进行预防性保养，并修补其轻微损坏部分，使之经常保持完好的状态。所谓保养，是指对公路及其沿线设施的日常保护工作，减少自然损失。

（2）中修工程。对管养范围内的公路及其工程设施的一般性磨损和局部损坏进行定期的修理加固，以恢复原状的小型工程项目。

（3）大修工程。对管养范围内的公路及其工程设施的较大损坏进行周期性综合修理，以全面恢复原设计标准或在原技术等级范围内进行局部改善和个别增建，逐步提高公路通行能力的工程项目。

（4）改善工程。对公路及其工程设施，因不适应交通量和载重需要而应分期逐段提高技术等级，或通过改善显著提高其通行能力的较大工程项目。

（二）路基的养护

路基是公路的重要组成部分，是路面的基础。它贯穿全线，连接桥梁、隧道。路基的强度和稳定性是保证路面强度与稳定性的基本条件。桥头引道路基对桥梁的使用及破损亦有直接的影响。因此，必须通过路基养护，达到保持路基土密实、排水性能良好、各部分尺寸和坡度符合规定，并及时消除不稳定因素的要求。

1. 路基养护的工作内容

路基养护应通过对公路各部分的日常巡视和定期检查，发现病害并及时查明原因，采取有效措施进行修复或加固，消除病害根源。其作业范围应包括下列内容。

（1）维修、加固路肩和边坡。

（2）疏通、改善排水设施。

（3）维护、修理各种防护构造物。

（4）清除塌方、积雪，处理塌陷，检查险情，防治水毁。

（5）观察、预防和处理翻浆、滑坡、泥石流等病害。

（6）有计划、有针对性地对局部路基进行加宽、加高，改善急弯、陡坡和视距不良地段，使之逐步达到要求的技术标准。

2. 路基养护的基本要求

为保证路基各部分完整，使路基发挥正常、有效的作用，路基养护工作必须满足下列基本要求。

（1）保持路基土密实，排水性能良好，各部分尺寸和坡度符合规定并及时消除不稳定因素。

（2）路肩无车辙、坑洼、隆起、沉陷、缺口，横坡适度，边缘顺适，表面平整、坚实、整洁，与路面接茬平顺。

（3）边坡稳定、坚固、平顺，无冲沟、松散，坡度符合规定。

（4）边沟、排水沟、截水沟、跌水井、泄水槽等排水设施无淤塞、高草，纵坡符合要求，排水畅通，进出口完好，保证路基、路面及边沟内不积水。

（5）挡土墙、护坡及防雪、防沙等设施保持完好无损，泄水孔无堵塞。

（6）做好翻浆、塌方、山体滑坡、泥石流等病害的预防、治理和抢修，尽力缩短阻车时间。

（7）为适应运输发展的需要，应对养护的路线逐步进行改善和加固，如改善路线的急弯和陡坡，加添挡土墙、护坡等结构物。

（三）路面的养护

路面养护是公路养护工作的中心环节，是质量考核的首要对象。路面养护从工程技术角度而言，一般指为保持路面功能而进行的日常保养，如路面的清扫、洒水，以及轻微的路面修补、填补、接缝等。

路面维修是指日常养护难以完成的、较大的损坏，以恢复路面原有功能为目标的修理工程，如路面的翻修和罩面等。

路面补强是指为了使路面恢复或进一步改善原有功能而加铺补强层的大修或改建工程。

1. 路面养护的目的

汽车在路面上行驶除了克服各种阻力，还会通过车轮把垂直力和水平力传给路面，水平力又分为纵向力和横向力两种。另外，路面还会受到车辆的振动力和冲击力的作用，在车身后面还会产生真空吸力作用。在上述各种外力的综合作用下，路面结构层内会产生大小不同的压应力、拉应力和剪应力。如果这些应力超过了路面结构整体或某一组成部分的强度，路面就会出现断裂、沉陷、波浪、松散和磨损等。因此，路面结构整体及其各部分必须通过养护来保持足够的强度，以抵抗在行车作用下所产生的各种应力。

在道路使用工程中，路面还应有一定的抵抗变形的能力，即路面的刚度。如果路面结构整体或某一组成部分的刚度不够，即使强度足够，在车轮荷载作用下也会产生过量的变形，而造成车辙、沉陷或者波浪等破坏。必须采取预防性养护和经常性养护及修理措施，使路面保持一定的强度、刚度及稳定性，使路面结构具有足够的抗疲劳强度，以及抗老化形变累积的能力，确保其耐久性，并使路面平整、完好，路拱适度，排水畅通，行车顺适、安全。另外，还应对原有路面有计划地进行改善，提高其技术状况，以适应运输发展的需要。

2. 路面养护的要求

（1）及时、经常地对路面进行保养和修理，防止路面松散、裂缝和壅包等各种病害的产生及发展。

（2）通过对路面的保养和修理，保持和提高路面的平整度及抗滑能力，确保路面通行的安全、舒适。

（3）通过对路面的修理和改善，保持及提高路面的强度，确保路面的耐久性。

（4）防止因路面损坏和养护操作污染沿线环境。

3. 路面养护工程的分类及其主要内容

（1）小修保养工程。①保养工程的主要内容包括：清除路面上的泥土、杂物，保持路面整洁；排除路面上的积水、积雪、积冰、积沙，并进行处理；碎砾石路面扫匀面砂，添加面砂，洒水润湿，刮平波浪，修补磨耗层；处理黑色路面的泛油、壅包、裂缝、松散等病害；砂石路面刮平，修理车辙；水泥混凝土路面修理板边接缝及堵塞裂缝等。②小修的主要内容包括：局部处理砂土路的翻浆、变形，添加稳定料；碎砾石路面的局部加宽、修补坑槽、整段修理磨耗层或扫浆铺砂；沥青（渣油）路面修补坑槽、沉陷，处理波浪、啃边等病害；水泥混凝土路面面板的局部修理和平整度调整。

（2）路面中修工程。中修工程主要包括：砂石路面大面积处理翻浆，修理横断面；碎砾石路面局部地段加厚、加宽，调整路拱，加铺磨耗层、保护层，处理严重病害；沥青（渣油）路面整段封层罩面；沥青（渣油）路面严重病害的处理；水泥混凝土路面个别面板的更换、浇筑或加铺沥青磨耗层。

（3）路面大修工程。大修工程主要包括：整段用稳定材料改善土路；整段加宽、加厚或翻修重铺碎砾石路面；翻修或补强重铺，或加宽高级、次高级路面。

（4）路面改善工程。改善工程主要包括分段提高公路技术等级，铺筑高级、次高级路面，新铺碎砾石路面，等等。

二、桥梁的养护与维修

（一）桥面铺装及桥面系的养护维修

1. 沥青路面维修

（1）沥青混凝土桥面的养护、病害处理和修补应按国家现行标准《城镇道路养护技术规范》（CJJ 36—2016）的要求进行。沥青路面加强经常性、预防性小修保养，对局部的、轻微的初始破损及时进行修理。

（2）桥面铺装可能出现的病害包括坑塘、壅包、龟裂、起砂、松散、车辙和纵横向贯通裂缝等。发现铺装病害应立即查明原因并及时修理，对于无法判明的铺装层病因可提出特殊检测的要求。

（3）对桥面裂缝的维修：对黑色路面纵、横向裂缝，先清扫干净缝隙，并用压缩机吹去尘土，用热沥青或乳化沥青灌缝撒料法封堵；对宽度大于 3 mm 的桥面裂缝，应检查其发生原因，在确定无结构破坏和延续发展的条件下，可进行灌缝处理。

（4）对麻面或松散的维修：对局部地段的麻面或松散，可清扫干净，铣刨后重新摊铺。

（5）对壅包的维修：壅包范围内用直尺画出一个矩形（与中心线平行或垂直），用小型切割机切深 4 cm，再用宽 500 mm 的铣刨机铣平。采用与原有结构层一样的沥青填补并压实。

（6）对坑塘传统维修：测定破坏部分的范围和深度，用直尺画出矩形（与中心线平行或垂直），再凿到稳定部分，深度不小于 3 cm，坑壁要垂直；清除坑底后，在干净的坑底、坑壁薄撒一层黏结沥青，视坑塘深度，根据原路面结构层次填补混合料或沥青混凝土，填补后压实。坑塘的修补要求圆洞方补、浅洞深补、湿洞干补。如路面基层损坏，应针对损坏原因，先处理基层病害，再修复面层。

（7）对坑塘冷补维修：应准备质量较好的进口、国产的冷补沥青混凝土，确保在连续阴雨天、节假日、沥青厂休假日时补坑，当天发现当天修补；要确保材料质量，冷补料要有黏性不松散，热拌混合料应拌和均匀，色泽一致，无明显油团、花白或烧枯，到现场时温度不得低于 11 ℃；压路机碾压的顺序是从两边到路中，缓慢、匀速进行，时速不得大于 5 km。不得在碾压层上掉头、转向或突然刹车，大型压路机严禁振动碾压；碾压成型的沥青混凝土面层在冷却到常温后方可开放交通，紧急情况如需提前开放的话，则应采取相关的技术措施。

（8）对钢纤维混凝土铺装层维修：凿除碎裂部位，清理残留物；用空压机吹干净，适当湿润。

2. 排水设施的养护维修

（1）大桥进水口要进行清捞，保持进水口干净。进水口按每月三次的频率清捞。在对损坏、缺损的大桥进水口进行更换维修时，应采用与原设施性质相同的材料，进水口抹面要光洁。

（2）立管按每两个月一次的频率疏通。立管修复时要擦净管口，均匀涂刷胶水，接好管道，要检查保证不渗水。管道安装抱箍要安放水平，螺栓要牢固。

（3）立管集水斗要定期清捞，每季度一次，汛期要加大清捞频率。

（4）桥面泄水孔应完好、畅通、有效。

（5）发现泄水管损坏应及时修补，损坏严重的应及时更换。

3. 伸缩缝的养护维修

（1）伸缩缝应每月保养一次，及时清除缝内的垃圾和杂物，使其平整、顺直，收缩自如，缝内整洁，处于良好的工作状态。

（2）橡胶止水带损坏后及时更换（满足原设计的规格和性能要求）。

（3）梳形板伸缩缝应经常检查，紧固螺栓，防止梳齿板转动上翘。发现梳齿出现裂缝后，及时焊接修补。

（4）发现伸缩缝钢构件锈蚀时应进行喷防锈漆处理，并使用油脂或润滑剂涂抹表面。

（5）伸缩缝出现损坏而无法修复时，宜选用原型号伸缩缝产品进行整体更换。

（6）伸缩缝的预埋部分与混凝土结合完好，上部各部位有局部损坏的，更换相应的上部构件。

（7）伸缩缝预埋部分损坏与混凝土结合已脱离的，凿除损坏的混凝土结合部位，重新焊接预埋件，再将预埋件和伸缩缝的主体钢与预埋件焊接，浇筑 C40 钢纤维混凝土，必要时更换损坏的伸缩缝装置。

（8）当伸缩缝整体损坏，边缘混凝土碎裂时，则采用整体更换的方法进行维修。

（9）若采用环氧砂浆预埋钢筋或种植钢筋，应打膨胀螺栓。若旧桥面铺装层较薄，可将桥面凿开，将锚筋直接焊接在桥面钢筋上。安装新伸缩缝构件时，应涂界面剂，灌筑钢筋混凝土。

4. 附属设施养护维修

由于车辆对大桥附属设施有着不可避免的轻微损坏，虽然不影响交通，但会有碍观瞻，影响设施的面貌，故对附属设施的损坏也应做到及时修理。

（1）大桥的中心隔离栏、防撞护栏、人行道栏杆不得有断裂、松动、错位、缺件、剥落、锈蚀等损坏。

（2）经常性检查栏杆的预埋钢板有无松动，连接螺栓有无丢失、锈蚀。

（3）桥面护栏应保持完好、顺直，无油漆剥落及根部松动、开裂、变形。

（4）人行道护栏每日擦洗一次，中心隔离栏每十日擦洗一次。

（5）栏杆的维修：对损坏的栏杆先进行切除，修复栏杆时要注意水平度和垂直度，控制好线性的顺直。焊接时要满焊，并刷油漆，底板松动时先处理底板。

（6）中心隔离栏杆维修：隔离栏杆上部结构为钢制栏杆，下部为水泥混凝土墩，固定中心隔离栏杆发生小部分损坏时应进行修理，要先立模板，用界面剂对破损面进行界面处理后，才可用混凝土进行修复。

（7）配电箱盖板维修：发现盖板掉落要及时复位，发生部分锈蚀时应敲铲油漆，发生严重锈蚀时应更换。

（8）桥面上人行道铺装、盲道和缘石应完好、平整。当有缺损时，应及时维修或更换。

5. 桥面防水层的养护维修

桥面卷材防水层的修补应符合下列规定：损坏的防水层应及时进行修补；防水层维修应按施工要求进行；修补后的防水层，其防水性能、整体强度、与下层黏结强度和耐久性等指标应满足原设计要求。

防水混凝土结构层的维修应符合下列规定。

（1）当防水混凝土表皮脱落或粉化轻微而整体强度未受影响，且防水混凝土层与下层连接牢固时，应彻底清除脱落表皮和粉化物。

（2）当防水混凝土受到侵蚀、表皮严重粉化且强度降低或防水混凝土层与下层已脱离连接时，应完全清除该层结构，重新进行浇筑。

（3）清理表皮脱落层时，应清理至具有强度的表面完全露出。

（4）清除损坏的结构层时，应先切割出清理边界，再进行清除作业。清除应彻底，不得留隐患。应避免扰动其他完好部分。

（5）在进行钢筋网结构的防水混凝土层清除作业时，应确保原钢筋结构的完整。

（6）在浇筑新混凝土前，作业面（包括边缘）应清洁、粗糙。

（7）选用的防水混凝土抗渗等级应高于 P6，且不得低于原设计指标要求。在使用除雪剂的北方地区和酸雨多发地区，防水混凝土的耐腐蚀系数不应小于 0.8。严禁用普通配比混凝土替代防水混凝土。

（二）上部结构的养护维修

1. 梁底板混凝土碳化及钢筋锈蚀维修

（1）凿除损坏混凝土。凿除因锈蚀而损坏的混凝土，使钢筋全部露出。当混凝土易于清除时，钢筋周围 2.5 mm 左右的混凝土可保留，在下一步骤里清除。

（2）除锈。①手工除锈。先用刮刀、手锤、钢刷等工具铲、敲、刷除去浮锈、尘土，然后再用钢丝刷、砂布、砂轮等刷、磨除去锈蚀并打磨光滑。②机械处理除锈。用风动刷、除锈枪或电动刷除锈，除锈后即对钢筋进行防锈处理。

（3）提高新老混凝土之间的黏结力。用丙酮清洗混凝土表面及钢筋，在处理表面上均匀涂上胶黏剂（或界面剂）。

（4）浇筑新的混凝土，可采用普通混凝土、环氧混凝土或聚合物混凝土。

（5）表面处理。为防止混凝土表面中性化（碳化）而继续受损，对新浇混凝土应进行表面处理，如涂上防水剂或涂料。

2. 钢结构养护

（1）钢结构养护要求。①钢结构梁的刚度、强度和稳定性应符合设计要求。运营中根据钢结构形式，应加强对各部分连接节点及杆件、铆钉、销栓、焊缝的检查、养护。对承载能力或刚度低于限值、结构不良的钢结构，应进行维修或加固。②钢结构外观应保持清洁，冬季应及时除冰雪。泄水孔应畅通，桥面铺装应无坑洼积水现象，渗漏部分应及时修好。当桥面积水时，应设置直径不小于 50 mm 的泄水孔，钻孔前应对杆件强度进行验算。③钢结构应每年进行一次保养，每年做一次检测。检测时如发现节点上的铆钉和螺栓松动或损坏脱落、焊缝开裂，应采用油漆标记并做记录。在同一个节点缺少、损坏、松动和歪斜的铆钉超过 1/10 时，应进行调换。当焊接节点有脱缝、焊缝处有裂纹时，应及时修补。对有裂纹及表面脱落的构件，应仔细观察其发展，做出明显的标记，并注明日期，以备观察，必要时应补焊或更换。

④钢梁杆件伤损容许限度超过规定时，应及时进行整修、加固或更换。⑤不良铆钉的容许限度超过规定时，对不良铆钉应进行更换，其他不良铆钉宜根据不良程度进行更换。

（2）钢梁有下列状态之一时，应及时维修。

①桁腹杆铆接接头处裂缝长度超过 50 mm。

②下承式横梁与纵梁加接处下端裂缝长度超过 50 mm。

③受拉翼缘焊接一端裂缝长度超过 20 mm。

④主梁、纵横梁受拉翼缘边裂缝长度超过 5 mm；焊缝处裂缝长度超过 10 mm。

⑤纵梁上翼缘角钢裂缝。

⑥主桁节点和板拼接接头铆栓失效率大于 10 %。

⑦主桁构件、板梁结合铆钉松动连续 5 个及以上。

⑧纵横梁连接铆钉松动。

⑨纵梁受压翼缘、上承板梁主梁上翼缘板件断面削弱大于 20 %。

⑩箱梁焊缝开裂长度超过 20 mm。

（3）新换钢梁或加固杆件的组拼应符合下列规定。

①组拼板件应采用螺栓均匀拧紧，板件密贴，边缘用 0.3 mm 的插片，深入长度不得大于 20 mm。

②组拼杆件应在无活载的情况下进行，并用不应少于 1/3 的孔眼安装螺栓及冲钉，其中 2/3 为冲钉，1/3 为螺栓。

③无活载情况下铆合时，应每隔 2 个钉孔装 1 个螺栓，螺栓间距不得超过 400 mm，必要时应每隔 1 个钉孔装 1 个螺栓，每组孔眼应打入 10 % 的冲钉。

④栓接梁使用的高强螺栓、螺母及垫圈应符合现行国家标准《钢结构用高强度大六角头螺栓》（GB/T 1228—2006）的规定，并应附有出厂合格证。

⑤在有活载情况下更换铆钉时，应拆除 1 个铆钉，同时上紧 1 个螺栓；必要时可使用不超过 30 % 的冲钉。严禁使用锛斧和大锤铲除钉头。对于结构承载力至关重要的构件，在更换铆钉时应禁止车辆通行。

（4）高强螺栓的更换应符合下列规定。

①高强螺栓的施工预拉力应符合设计要求，欠拧值或超拧值均不应超过规定值的 10 %，各种型号高强螺栓的设计预拉力值应符合规定。

②高强螺栓的初拧值应根据试验确定，宜取终拧值的 40 % ～ 70 %，终拧方法可采用扭矩法或转角法。

③对大型节点，同时更换的数量不得超过该节点螺栓总数的 10 %，对螺栓少的节点应逐个更换。在一个连接处（或节点）少量更换的螺栓、螺母及垫圈的材质、规格、强度等级应与原桥上使用的相同，不得混用。

④高强螺栓拧紧后，节点板四周的缝隙应采用腻缝封闭。高强螺栓、螺母，以及垫圈的外露部分均应进行涂装防锈。

（5）对于栓接梁、全焊梁，当在焊缝及附近钢材上发现裂缝时，可根据裂缝的位置、性质、大小及数量，采取下列措施。

①在裂缝的尖端钻圆孔，孔径宜与钢板厚度相等，且不得超过 32 mm。

②高强螺栓连接加固，加固前裂缝尖端处应钻孔。

③抽换杆件或换梁。

（6）钢梁涂装养护应采取下列措施。

①针对不同的钢结构项目，尽量使用与原有材质相同的油漆涂料进行养护。

②用风动打磨机对钢梁表面进行除锈处理。

③钢材表面应无可见的油脂和污垢，没有附着不牢的氧化皮，底材显露部分的表面应具有金属光泽。

④保持清洁，去除油污。

⑤除锈后钢梁表面应清洁、干燥，雨后受潮要重新进行干燥处理。

⑥手工除锈无法铲除的部分，可采用高效脱漆剂使其老化或软化，再予以清除，保证达到标准。

3. 支座养护维修

（1）桥梁支座应定期检查和保养，并应符合下列规定。

①球型支座滚动面不平整，轴承有裂纹、切口，以及个别辊轴大小不合

适时，必须予以更换。

②支点承压不均匀时，应进行调整。调整时可采用千斤顶把梁上部顶起，然后移动调整支座的位置（此项工作报业主专项审批）。

③支座板翘起、扭曲、断裂时应予更换或补充，焊缝开裂应予维修加固。

④如要抬高支座，可采用捣筑砂浆垫层加入钢板垫层或预制钢筋混凝土块的办法。

⑤支座各部分应保持完整、清洁、有效，应每年检查保养一次。冬季应及时清除积雪和冰块。梁跨活动应自由。

⑥滚动支座的滚动面每年应涂一层润滑油。在涂油之前，应先清洁滚动面。

⑦支座各部分除钢辊和滚动面外，其余金属部分应定期保养，不得锈蚀。

⑧对固定支座每两年应检查锚栓的牢固程度，支承垫板应平整紧密，及时拧紧接合螺栓。

⑨板式橡胶支座恒载产生的剪切位移应在设计范围内；支座不得产生超过设计要求的压缩变形；支座橡胶保护层不应开裂、变硬、老化，支座各层加劲钢板之间的橡胶应均匀和正常；支承垫石顶面不应开裂、积水；进行清洁和修补工作时，应防止橡胶支座与油脂接触。

⑩滚动盆式橡胶支座的固定螺栓不得有剪断损坏，应及时拧紧松动的螺母。

（2）支座的缺陷故障应及时维修或更换，并应符合下列规定。

①滚动面不平整，轴承有裂纹、切口或个别辊轴大小不合适，应更换；板式橡胶支座损坏、失效，应及时更换。

②梁支点承压不均匀，应进行调整。

③支座座板翘曲、断裂，应予更换和补充；焊缝开裂应予维修。

④对需抬高的支座，可根据抬高量的大小选用下列几种方法。

a. 抬高量在 50 mm 以内可垫入钢板；抬高量在 50 ～ 300 mm 的应垫入铸钢板。

b. 就地灌注高强钢筋混凝土垫块，厚度不应小于 200 mm。

⑤滑移的支座应及时恢复原位；脱空支座应及时维修。

⑥辊轴支座的实际纵向位移，应与计算的正常位移相符。当纵向位移大于容许偏差或有横向位移时，应加以修正；当辊轴出现不允许的爬动、歪斜或摇轴倾斜时，应校正支座的位置。

⑦小跨径（板）桥油毡支座的油毡垫层损坏、掉落、老化，应予更换。

⑧弧形钢板支座和摆柱式支座中的钢板不得生锈，钢筋混凝土摆柱不得脱皮露筋，固定锚销不得切断，滑动钢板不得位移，摆柱不得倾斜。对损伤和超过允许位移的支座钢板，应及时修理或更换。

⑨球形支座应每年清除尘土、更换润滑油一次。支座地脚螺母不得剪断，橡胶密封圈不得龟裂、老化。支座相对位移应均匀，并记录位移量；支座高度变化不应超过 3 mm。应每两年对支座钢件（除不锈钢滑动面外）进行油漆防锈处理。

（三）下部结构的养护维修

当墩、台、柱由于混凝土温度收缩、施工质量不良及基础不均匀沉降等原因产生裂缝时，应视裂缝大小及损坏原因采取不同措施进行维修。

（1）当裂缝宽小于规定限值时，可凿槽并采用喷浆封闭裂缝的方法。

（2）当裂缝宽大于规定限值时，可采用压力灌浆法灌注水泥砂浆、环氧砂浆等灌浆材料进行修补。

（3）支座失灵造成墩台拉裂，应修复或更换支座。

（4）台身发生纵向贯通裂缝，可用钢筋混凝土围带或粘贴钢板进行加固。如因基础不均匀下沉引起自下而上的裂缝，则应先加固基础，再采用灌缝或加筋的方法进行维修。

（5）当混凝土表面发生侵蚀剥落、蜂窝麻面等病害时，应及时将周围凿毛洗净后做表面防护。

（6）当混凝土表面部分严重风化和破坏时，应及时清除损坏部分，然后用与原结构相同材料补砌，应结合牢固，色泽和质地宜与原砌体一致。

（7）当表面风化剥落深度在 30 mm 及以内时，应采用 M10 以上的水泥砂浆修补；当剥落深度超过 30 mm 且损坏面积较大时，应增设钢筋网浇筑混凝土层。浇筑混凝土前应清除松浮部分，用水冲洗，并采用锚钉连接。

（8）墩台出现变形应查明原因，采取针对性措施进行加固。

（9）当墩台裂缝超过限值时，应查明原因，采取下列措施进行加固。

①当裂缝宽度小于规定限位时，应进行封闭处理。

②当裂缝宽度大于规定限值且小于 0.5 mm 时，应灌浆，大于 0.5 mm 的裂缝应修补。

③当石砌圬工出现通缝和错缝时，应拆除部分石料，重新砌筑。

④当活动支座失灵造成墩台拉裂时，应修复或更换支座，并维修裂缝。

⑤对于由基础不均匀沉降所产生的自下而上的裂缝，应先加固基础，并根据裂缝的发展程度确定加固方法。

（10）当桥台发生水平位移和倾斜，超过设计允许变形的范围时，应分析原因，确定加固方案。

（11）桩或墩台的结构强度不足或桩柱有被碰撞折断等损坏，应查明原因，进行加固处理。

（12）桥台锥坡及八字翼墙在洪水冲击或填土沉落的作用下容易产生变形和勾缝脱落，修复时应夯实填土，常水位以下应采用浆砌片（块）石，并勾缝。

（四）其他维修

1. 人行道破损养护

经常清除人行道范围内的杂物；对沉降不均，产生局部裂缝的人行道，及时用水泥砂浆勾缝，损坏的部件及时更换；对于人行道不均匀沉降所造成的不平整，应及时进行维修。

2. 隔离栏养护

定期检查隔离栏，确保基础稳定、隔离栏无损坏或锈蚀，及时补缺及更新，确保隔离栏完整和美观，每年进行一次油漆养护。

（五）养护技术措施

1. 质量保证措施

（1）沥青路面修补应做到圆洞方补、浅洞深补、湿洞干补。凿边要求四周修凿垂直不斜，基底保持干燥，筑厚度差在 ±5 mm 内，表面粗细均匀，无毛细裂缝，碾压紧密，无明显轮迹。平整度控制为人工摊铺高低差不大于 5 mm，机械摊铺高低差不大于 2 mm。路框差控制为井框周围无沉陷，与路面高低差不得大于 5 mm，横坡与原路面横坡一致，不得有积水。

（2）伸缩缝外形整齐，平整顺适，牢固完整，无破损，无漏水，行车无颠簸，伸缩变形应稳定，缝内无垃圾。

（3）混凝土结构提高新老混凝土之间的黏结力，用丙酮清洗混凝土表面和钢筋，在处理表面上均匀涂上胶黏剂。为防止混凝土表面中性化，在对新浇混凝土进行表面处理时，应涂上防水剂。

（4）钢结构。①全敲铲表面处理按全出白要求除锈达到 St3 级以上；部分敲铲表面处理按要求除锈达到 St2 级以上。②涂刷底漆表干两小时，实干 24 小时，每道底漆涂刷最短间隔时间需保持 24 小时左右。涂刷两遍面漆，最短间隔时间控制在 12 小时左右，油漆表面无流挂、无针孔、光滑。

（5）支座。定期对支座钢件进行油漆防锈，定期清除支座附近的杂物和灰尘。对智能型支座应观测、记录其滑移量，并判断其是否运行正常。

（6）排水设施。①高架快速路排水口要进行清捞，保持排水口干净；对损坏、缺损的须进行更换或维修，采用与原设施性质相同的材料，抹面要光洁、平整。②立管修复时要擦净连接管口，均匀涂刷胶水，管道接好后要检查，保证不渗水；管道安装抱箍要安放水平，螺栓要牢固。

2. 进度保证措施

养护进度的保证措施主要是计划、控制和协调。要制作总体养护管理进度计划表，并根据动态控制原理对养护进度实施全面管理。

（1）建立进度控制的组织系统长效管理小组负责制。落实各层次的进度控制人员（以现场施工员及班组长为主），落实具体任务和工作责任，并编制以全年计划为基础的日、周、月、季度的作业计划，明确每天的工作内容，检查、解决执行计划中存在的问题，确保当天计划当天完成。在养护施工中应严格按照计划作业，如出现与计划不符的情况，及时分析原因，提出补救措施。

（2）加强各班组施工之间的协调工作。养护施工前应按总体计划做出详细的周或月作业计划，施工组统一管理，按照作业计划进行检查，若与计划进度偏离，应及时进行调整，做好各部门之间的协调工作。

坚持养护工作月会制度。应每月召开一次会议，检查落实养护实际进度情况，分析和预测可能影响进度的因素，制定预防措施。对机械、材料或外部条件干扰养护进度的情况，应及时在会议上提出，共同制定解决办法。各班组坚持每日下班前的碰头会及上岗前的安全会议，检查当日完成的工作量，并将存在的问题及时报告给长效管理小组，把养护总体进度计划层层落实到班组和个人。

（3）加强安全和技术交底工作。经常对职工进行安全和质量方面的教育，不断提高职工质量意识和工作责任心，确保各养护工序的施工质量一次验评合格，避免返工，并将安全隐患消灭在萌芽状态，这是保证养护按计划实施的主要措施之一。同时，加强对机械设备的维修保养，提高机械的完好率与利用率。

（4）努力协调好各方面的关系。主动与上级监管单位、交警部门等加强联系，争取各方支持，创造一个良好的养护施工环境，排除可能对施工进度造成影响的不利因素。

（5）科学、合理地组织平面流水养护施工、交叉作业。根据各班组、各工种的具体作业计划配置必要的设备，供给充足的材料，安排合理的劳动力，进行流水作业和交叉作业，避免因机械、材料和劳动力不足而影响养护进度。

（6）完善施工工艺，提高效率。在养护施工过程中不断完善施工工艺、合理组织施工、提高效率，令施工有节奏地、均衡地进行，以加快施工进度。同时，在实际操作中不断积累经验。

（7）坚持多点施工，平行作业。根据养护需要，可采取二班或三班同时养护施工的方式，每班安排施工员对现场进行指挥与协调。

（8）认真做好月报工作。每月将完成的养护工作量和养护进度呈报监管单位，以便根据养护进度的实际情况进行分析和控制，使得养护进度的全过程始终处于循环、动态的控制中。

要保证养护进度，还应落实岗位责任制，建立激励制度，开展劳动竞赛，关心职工生活，搞好后勤服务，调动工作人员的积极性，提高劳动生产率。

[illegible]

参考文献

[1] 王海彦，骆宪龙，付迎春. 隧道工程 [M]. 成都：西南交通大学出版社，2016.

[2] 梁波. 隧道工程 [M]. 重庆：重庆大学出版社，2015.

[3] 林志鹏. 隧道工程施工技术与安全 [M]. 南昌：江西科学技术出版社，2018.

[4] 杨新安，丁春林，徐前卫. 城市隧道工程 [M]. 上海：同济大学出版社，2015.

[5] 上海市住房和城乡建设管理委员会. 道路隧道设计标准：DG/TJ 08—2033—2017 J11197—2017[S]. 上海：同济大学出版社，2017.

[6] 龚乐群，侯晋华，钟蜀华. 路桥工程测量技术应用 [M]. 天津：天津科学技术出版社，2017.

[7] 齐长市，于东波，盛明乾. 路桥施工技术 [M]. 长春：吉林科学技术出版社，2019.

[8] 刘鑫，申敏，钟恩. 路桥施工技术 [M]. 哈尔滨：黑龙江科学技术出版社，2017.

[9] 黄萍. 路桥施工技术研究 [M]. 昆明：云南科技出版社，2019.

[10] 朱睿，田永许. 路桥施工技术与项目管理 [M]. 北京：中国纺织出版社，2018.